민족문제의 재등장

The Return to the National Question

by Chris Harman

책갈피 신서 19

민족문제의 재등장

크리스 하먼 지음 / 배일룡 옮김

책갈피

크리스 하먼(Chris Harman)
저자 크리스 하먼은 반전 운동으로 시작해 1968년 전 유럽을 뒤흔든 거대한 투쟁의 물결 속에서 학생 운동을 통해 성장한 사회 비판가이다. 크리스 하먼은 우리나라 대학생들 속에선 꽤 인기 있는 필자로 알려져 있으며 대표적인 저작으로는 이 책을 포함해 다음과 같다.
≪신자유주의 경제학 비판≫(책갈피), ≪오늘의 세계경제 : 위기와 전망≫(갈무리), ≪동유럽에서의 계급투쟁≫(갈무리), ≪마르크스주의 공황론≫(풀무질), ≪마르크스주의와 국가자본주의 논쟁≫(풀무질), ≪쉽게 읽는 마르크스주의≫(북막스) 등 다수의 저작이 있다.

배일룡
옮긴이 배일룡은 1965년생이며 1992년 성균관대학교 독문과를 졸업했다.
주요 역서로는 ≪뜨로츠키주의의 역사≫(백의, 1994)가 있다.

민족문제의 재등장

2001년 7월 6일 초판 1쇄 인쇄
2001년 7월 15일 초판 1쇄 발행
지은이 크리스 하먼
옮긴이 배일룡
편집·교정 이수정
펴낸곳 도서출판 책갈피
펴낸이 홍교선
등록 1992년 2월 14일(제 18-29호)
주소 121-230 서울특별시 마포구 망원동 485-10 성일빌딩 2층
전화 (02) 333-0918 FAX (02) 333-4269
E-mail marks93@chollian.net
표지디자인 작은세상

값 7,000원
ISBN 89-7966-020-0 03340

차례

서론

현대 세계의 가장 중요한 분할선이 여러 민족주의들 사이에 그어져 있다는 것은 대체로 하나의 정설로 굳어지고 있는 것으로 보인다. 돌아보면 '새로운 세계질서'니 '역사의 종말'이니 하는 말들은 그다지 오래 지속되지는 못한 것 같다. 그러나 그것을 대체해 온 것은 계급정치가 아니라 오히려 다시 태어난—때로는 완전히 새로 태어난—여러 민족주의들의 대립경쟁이라고 해야 할 것이다.

그러나 이런 식으로 말하는 사람들도 막상 '민족'[1]이 무엇인가를 정의할 때 커다란 어려움을 겪는다. 민족을 단순히 특정 지역에 거주하고 있는 사람들로 정의할 수는 없다. 그렇게 정의한다면 다수 '민족' 속에 끼어 살지만 그들의 일부이기를 거부하는 소수 민족은 어떻게 정의할 것인가? 또 단순히 언어만으로 민족을 정의할 수도 없다. 만일 그렇게 정의한다면 동일한 언어를 사용하는 세르비

1) 이 책에서는 'nation'을 '민족'으로 'nationality'는 '민족체'로 'nationhood'는 '민족적 위상'으로 'nationalism'을 '민족주의'로 'nation state'를 '민족국가'로 번역했고 'ethnicity' 역시 '민족성'이라 번역했다. 그렇지만 문맥의 필요에 따라 이와는 달리 번역된 대목도 적지 않다. —옮긴이

아인과 크로아티아인, 보스니아인들이 스스로를 각각 별개의 민족이라고 주장하는 것을 어떻게 설명할 수 있으며, 인도의 창설자들이 지역방언인 힌두스탄어를 개량한 힌디어를 인도 대륙 전체의 '국어'로 삼으려고 한 시도를 어떻게 설명할 것인가? 또한 요즘 널리 유행하는 '문화'라는 개념을 가지고도 민족을 정의할 수 없다. 왜냐하면 문화의 차이, 혹은 생활양식의 차이는 여러 민족들에 속해 있는 동일한 계급 사이에서보다도 민족국가 내의 부자와 빈자 사이 또는 노동자와 농민 사이에서 더 크기 때문이다.

특정 집단의 사람들—혹은 그들의 지도자들—이, 자신들이 하나의 민족을 이룰 것인지 여부를 결정하기 위해 사용할 수 있는 단일한 객관적 기준은 존재하지 않는다. 최소한 이 점에 대해서만은 '구좌파' 학자인 에릭 홉스봄,[2] '신좌파' 학자인 베네딕트 앤더슨,[3] 자유주의적 학자인 어네스트 겔너[4] 그리고 계간 ≪인터내셔널 소셜리즘≫의 이전 편집자인 나이젤 해리스[5] 등과 같은 다양한 권위자들이 견해를 같이 하고 있다. 앤더슨의 말을 빌리면, 민족들은 '가상적' 실체들이다. 비록 그것들이 가상적이라 할지라도 그 '가상적 권력'들은 자신들에게 동의하지 않는 사람들로 하여금 그것을 믿게 하기 위해, 국가가 가지고 있는 가장 추악한 무기들을 사용할 수 있다.

민족주의 이데올로그들은 대개 자기 민족의 조상을 수백 년 전

---

2) E. Hobsbawm, *Nations and Nationalism since 1780*(Cambridge, 1990). [E. 홉스봄, ≪1780년 이후의 민족과 민족주의≫, 창작과비평사, 1994]
3) B. Anderson, *Imagined Communities*(London, 1991).
4) E. Gellner, *Nation and Nationalism*(Oxford, 1983).
5) N. Harris, *Nation Liberation*(London, 1990).

의 과거로 거슬러 올라가 찾으려고 한다. 예컨대, 영국 역사는 알프레드 왕이나 분별 없는 에들러 왕과 더불어 시작되었다고 이야기하며, 투지만 정부는 '천년의 역사를 가진 크로아티아 민족'에 대해 이야기하고, 세르비아 정부는 1389년의 코소보(Kosovo) 전투를 상기시킨다. 루마니아 민족주의자들은 과거를 거슬러 올라가서 다시아(Dacia)에 정착한 로마 제국과의 연관성을 주장한다.6) 그러나 이 주장들은 한결같이 허구적인 역사에 근거하고 있다. 왜냐하면 실체로서의 민족들은 언제나 존재해 왔던 것이 아니기 때문이다.

동등한 권리를 누리고, 단일한 통치권에 충성을 표하며, 단일한 언어를 사용하는 동질적인 시민집단이라는 이상에 기초해 있는 근대 민족은 자본주의 그 자체와 마찬가지로 비교적 최근의 역사적 산물이다. 민족은 16세기까지 전세계에 지배적이었고, 1세기 조금 전까지만 해도 전세계의 90퍼센트 이상을 차지하고 있던 전(前)자본주의 사회들을 설명하는 데 전혀 들어맞지 않는 개념이다. 이 점은 자동차나 기관총이라는 개념이 그러한 것과 마찬가지이다.

사실, 민족국가의 대두와 자본주의의 발흥 사이의 연관을 이해할 때에야 우리는, 사람들로 하여금 서로 학살하게 만드는—전쟁이 항상 그렇듯이 학살도 대부분 부자들끼리가 아니라 빈자들끼리 저질러진다—여러 신화들의 힘을 깊이 있게 이해할 수 있게 된다.

---

6) 전형적인 예는 S. Pacu의 *A History of Transylvania*(New York, 1990).

1

자본주의와 민족

자본주의의 발흥 이전에 존재한 계급사회들은 국가를 통해 조직되었다. 그러나 이들 국가는 대다수 인민대중의 활동에 외재적인 것이었다. 국가는 징세와 약탈을 통해 인민대중을 수탈했고, 강제와 매수를 통해 그들을 군대로 징집했다. 그렇지만 국가는—소량의 생산물이 거래되기는 했지만 주로 자급자족식 농업을 통해 이루어지는—생활유지를 위한 인민대중의 기본적인 일상활동에는 간섭하지 않았다. 물론 농민은, 중앙 국가로부터 상당히 자율적이었던 개별 영주 및 개별 성직자(그 둘은 종종 같은 인물이었다)에 의해 가혹하게 착취당했고 악랄한 합법적 탄압을 받기 일쑤였지만 말이다.

그런 사회의 전형적인 사례로는 12세기에 잉글랜드(현재의 잉글랜드, 프랑스 서부의 많은 지역과 웨일즈의 일부 그리고 아일랜드와 스코틀랜드로 구성된)라고 불렸던 왕정을 들 수 있는데, 그 사회는 노르망 프랑스어를 사용하는 군사적 지배자와 중세 라틴어를 사용하는 학식 있는 행정 엘리트, 그리고 앵글로색슨, 프랑스, 웨일즈, 게일의 방언들 등 다양한 방언을 사용하는 주민대중으로 이루어져 있었다.

그런 사회의 국가는 강력하고 중앙 집권적일 수도 있고 아니면 유약하고 파편적일 수도 있었다. 그러나 어느 경우든 당시의 국가는 오늘날 우리가 이해하는 민족국가는 아니었다. 그 신민(臣民)들은 자신들을 공통의 언어를 사용하는 혹은 단일한 지리적 실체에 온전한 충성을 바쳐야 할 의무를 지니는 시민으로 여기지 않았다.

그러나 자본주의 하에서는 상황이 완전히 달라진다. 시장은 생활의 모든 측면들, 곧 사람들이 하는 일로부터 먹는 음식, 의복, 즐기는 방식에까지 영향을 미친다. 그리고 시장이 성장함에 따라 개인 회사와 국가 내에 행정체계가 방대하게 성장한다.

자본주의의 이데올로기적 신화에 따르면, 자본주의는 단지 최소의 정부만을 필요로 한다. 그러나 실상 시장은 폭넓은 영향력을 가지고 있는 국가에 의해 뒷받침될 때에만 광범위하고 항구적인 기반 위에서 기능할 수 있다. 국가는 화폐의 발행, 부채 상환의 보장, 사기 규모의 제한, 도로와 항만의 건설, 빈자의 보복으로부터 부자의 보호, 전쟁 수행, 그리고 무엇보다도 인민대중에 대한 정기적 징세의 시행 등과 같은 일을 통해 시장을 뒷받침한다.

그러나 하나의 행정기구는 행정관리들 사이의 용이한 의사소통 수단, 즉 그들 모두가 유창하게 구사할 수 있는 언어가 없다면 효과적으로 작동할 수 없다. 또한 그것은 이 언어를 자신의 지배 아래 살고 있는 모든 사람들의 언어로 만들고 싶어한다. 그렇게 되면 비밀경찰과 세리(稅吏)들의 일이 훨씬 용이하게 되며, 상부에서 명령을 내리는 사람들과 하부에서 그것을 수행하는 사람들이 훨씬 더 효과적으로 결속될 수 있기 때문이다.

2

최초의 민족국가들

자본주의가 최초로 완전하게 발전하기 시작한 것은 16세기 이래 네덜란드와 영국에서였다. 물론 시장관계 및 자본주의적 생산의 최초의 핵은 이미 14세기의 이탈리아와 플랑드르 지역, 16세기의 독일, 프랑스와 보헤미아 지역에 존재했었다. 각각의 경우에 시장의 출현으로 민족국가를 창출하는 데 기여하게 될 요소들이 자연발생적으로 창출되기 시작했다.

교역이 확산됨에 따라 서로 다른 지역에 사는 사람들 간의 직·간접적인 접촉이 증가했다. 도시의 상인들은 농촌 곳곳을 여행하면서 가장 외진 마을의 사람들에게 물건을 사고 팔고 또 대화했으며 의사소통에 필요한 방언의 일부를 채용해 그것을 도시의 일상용어에 혼합시킴으로써, 자신들도 의식하지 못한 채 새로운 통상업무에 관련되어 있는 사람들이 배우면 유리한 새로운 표준적 의사소통 형식을 창출했다. 상인들은 순회설교자들—자신들의 호주머니를 채울 목적에서든 영혼을 채울 목적에서든—과 새 용병 부대의 대원을 찾는 모집인들을 동반하고 다녔다. 동시에 촌락의 극빈자들이 일거리를 찾아 도시로 떠나기도 했고, 부자들은 중개인을 배제하고 그들끼리 직접 거래하기도 했다. 프랑스 농촌의 경우 평범한 농민들은 평생 동안 자신의 집에서 결코 5마일 이상 여행해 보지 못했고, 17세기 후반까지 잉글랜드의 주민 가운데 일생 중에 한번이라도 런던에 가본 사람은 일곱 명 중 한 명에 불과했다.7)

자생적으로, 그리고 무의식적으로 교역망이 언어망으로 변하기 시작했다. 교역 이윤에 과세하려고 했던 국가의 행정관리들이 자신의 업무를 궁정언어나 교회언어가 아닌, 시장언어로 수행하는 것이 유리하다는 것을 깨닫기 시작한 것은 이 무렵이었다. 또한 혁신적 작가들—14세기 초 플로렌스의 단테, 반세기 후 영국의 쵸오서, 16세기 독일과 프랑스의 루터와 라블레—이 청중을 확보하기 위해서는 새로운 일상언어를 사용해야 한다는 것을 깨달았던 것도 이 무렵이었다.

이런 변화가 완성되기까지 오랜 시간이 걸렸지만—심지어 17세기까지 영국의 홉스와 네덜란드의 스피노자는 여전히 자신들의 주요 저작을 라틴어로 썼다—자본주의가 정복한 지역에서는 새로운 언어가 널리 쓰였다. 반대로 자본주의가 잘못 시작되어 구질서가

7) E. A. Wrigley의 'London's importance 1650~1750', J. Patten(편) *Pre-industrial England*, pp.196~197.

부활한 지역에서는 새로운 언어 역시 같은 운명을 겪었다. 르네상스 후기의 이탈리아가 다시 봉건화되어 감에 따라 많은 문헌들이 단테의 이탈리아어가 아니라 라틴어로 쓰여졌으며,[8] 1618년 화이트 마운틴 전투에서 보헤미아의 프로테스탄티즘 세력이 무장한 반동 종교개혁 세력에 의해 분쇄되자 근 200년간 문어(文語)로 쓰여졌던 체코어가 파괴되었다. 그리고 합스부르크 제국 내에서는 1840년대까지 라틴어를 행정언어로 계속 사용했다.

최초의 민족들은 교역망과 행정망 그리고 주요 도시의 후배지(後背地)에서 성장한 언어망에서 탄생했다. 유럽 각지의 봉건 왕정 말기의 행정관리들은 도시의 상인들 및 공장 수공업자들과 연합함으로써 옛날의 봉건 지배계급에 대항해 자신의 권력을 확장하려 했다. 상인과 공장 수공업자들 같은 '자치도시 시민들'은 종종 지리적으로 밀집된 교역·언어망의 중심부에 이미 존재했다. 일부 행정관리들은 자치도시 시민의 언어를 국가의 언어로 만드는 것이 자신들에게 커다란 이익이 된다는 점을 깨닫게 되었다. 그리하여 그들은 상호간의 결속을 강화하면서 같은 언어를 쓰는 하나의 국가를 창조하기 시작했다. 이렇게 새로운 국가는 그 이전의 어느 국가와도 달리 국경 내에 살고 있는 모든 사람들의 충성을 강력히 요구할 수 있었다.

언어에 기초한 새로운 국가의 성장은 신흥 부르주아지에게는 매

---

8) 그람시의 논점으로는 A. Gramsci, 'The Renaissance', *Selections from Cultural Writings*(London, 1985), pp.222~234를 볼 것. [A. 그람시, ≪그람시와 함께 읽는 문화≫, 새물결, 1992, 4장 <종속계급의 역사를 보여주는 언어의 역사> 참조]

우 유리한 것이었다. 이로 인해 '외국'어를 사용하는 다른 지역 상인들이 이 신흥 부르주아지의 '국내'시장에 도전하는 것이 더욱 어렵게 되었다. 신흥 부르주아지는 점차 국가의 행정관료들을 자신의 영향력 아래 종속시켜 자신의 이익을 열심히 추구하도록 만들었는데, 특히 세계시장에서 라이벌 상인집단과 경쟁하는 것을 국가가 도울 때 그러했나. 17세기에 동인도 무역에 대한 통제권을 둘러싼 영국과 네덜란드 특허회사들 사이의 투쟁을 국가가 지원했던 경우가 그 예이다. 심지어 국가 형태가 아직 봉건적이었던 17세기 프랑스의 경우에도 국가는 발생기에 있던 자본가들의 이익에 점차 민감한 관심을 기울였다.

민족국가가 비록 자연발생적으로 탄생하기는 했지만, 곧 의식성의 요소들이 결합되었다. 마키아벨리의 시대 (바로 16세기 초) 이래 정치철학자들은 이러한 자연발생적 과정을 가속화시킬 정책들을 국가에 촉구하기 시작했다.[9] 정치경제학자들은 국가의 이익을 그 국가의 상인계급에 의한 무역잉여의 축적과 동일시하는 '중상주의' 교의를 정교화했으며, 극작가, 시인, 팜플렛 저술가들은 후에 '민족적' 전통이라고 불리게 될 것들을 찬미하기 시작했다.

새로운 '민족'국가는 그것을 지배하는 자들—그들이 옛 귀족 출신이건 또는 신흥 자본가 계급 출신이건—에게 이익이 된다는 것이 실천적으로 판명되었다. 민족국가는 착취자와 피착취자 사이를 연결하는 외관상의 끈을 제공했던 것이다. 착취자와 피착취자 간의

---

9) 이것이 그람시가 마키아벨리를 신흥 부르주아지의 이론가라고 볼 수 있었던 이유였다. 비록 마키아벨리는 봉건 군주가 자신의 목적들을 성취할 것으로 보았지만 말이다.

수입 및 생활양식상의 차이가 상당히 크긴 했지만 그들에게는 공통적인 것이 있었다. 그것은 다른 사람들이 알아들을 수 없는 그들만의 언어를 사용했다는 점이다. 이 점은 중간계급 가운데 그 언어를 이해하고 국가에 대한 충성을 입증해 보임으로써 국가기구 내에서 일자리—국내의 소수 민족과 해외의 식민지 주민들에게는 허용되지 않았던—를 얻을 수 있었던 자들에게 특히 중요해졌다.

3

새로운 민족국가들의 창출 동력

자본주의의 전세계적 확산은 불균등 결합 발전으로 특징지워졌다. 영국과 네덜란드에서 확립된 최초의 자본주의적 축적의 중심지들은 지구의 나머지 지역에 이중적인 영향을 미쳤다. 그들은 나머지 지역 전체를 강탈하고 궁핍화시켰다. 그러나 그들은 그 지역들을 세계적 규모의 시장관계망 속으로 끌어들였고, 그 결과 새로운 자본가 집단—혹은 자신의 미래가 자본주의에 있다고 본 새로운 중간계급—의 출현을 고무했다.

그러나 이들 신생 자본가 집단 및 중간계급들은 그들이 처한 세계가 자신들의 이익을 지키기 위해 민족국가를 이용하고 있는 기존 자본가들이 이미 지배하고 있다는 것을 발견했다. 만일 자본주의의 새로운 중심지가 특정 장소를 넘어서 발전하려면, 자신의 이익을 위해 싸워줄 그 자신의 국가가 필요했다. 그리하여 프랑스 상인들은 봉건제에서 성장해 나온 절대주의 국가가 세계적 영향력을 놓고 영국과 벌인 전쟁에서 자신들의 이익을 위해 싸워주리라 기대했다. 또 북미의 토지 소유주들과 무역업자들은 영국의 전횡적인 지시에 분개해 그들 자신의 국가구조를 창출하기 시작했으며, 더블린과 벨파스트의 중간계급은 영국으로부터의 독립이라는 자신의 '권리'에 대해 언급하기 시작했다.

새로운 민족국가의 창출이 자신의 이익을 증진시킬 것이라고 본 사람들은 그러한 국가가 창출되는 데 걸리는 수백 년간의 자연발생적인 경제적·사회적 발전을 앉아서 기다릴 수만은 없었다. 그들의 앞길은, 한편으로는 기존 자본주의 민족국가들 특히 영국에 의해, 다른 한편으로는 절대주의적 전(前)자본주의 민족국가들에 의해 적어도 부분적으로는 봉쇄되어 있었다. 영국 자본주의와 경쟁하기 위해서는 — 경쟁에서 이기는 것은 차치하고서라도 — 의식적인 혁명적 행동이 요구되었다. 그리고 혁명적 행동은, 비록 혼란된 방식이라 할지라도, 그들이 원하는 국가가 어떤 것인가를 핵심적으로 이야기해 주는 이데올로기에 의해 동기부여 되어야만 했다.

프랑스 혁명가들은 '하나의 분할할 수 없는 프랑스 공화국'이라는 선언과 함께 이런 방향으로 가장 멀리 나아갔다. 그들은 이전의 행정적 구분을 — 각 행정단위마다 존재하는 서로 다른 무수한 조세 및 특권들과 함께 — 폐지하고, 그것을 정부가 임명한 지사(知事)들로 수직연결된 중앙 집권적 구조로 강제 대체했다. 그들은 공민 자격에 대해 단일한 기준을 부과하면서 만인의 충성 — '무장한 민족'

을 위해 싸울 젊은이들의 군(軍) 징집으로 표현된—을 요구했다. 단일한 국민교육제도가 확립되었고 그것을 통해 프랑스 남부의 방언과 서부의 브레타뉴어, 북부 국경지역의 게르만어를 대체하는 단일언어가 전파되었다.

세계의 다른 지역에서 사회를 '근대적'·자본주의적으로 발전시키고자 했던 사람들에게는 프랑스의 사례가 민족국가의 모델이 되었다. 곧 아일랜드, 라틴 아메리카, 그리스, 이탈리아, 독일, 폴란드, 헝가리와 스페인의 젊은 혁명가들은 프랑스 모델을 따르고자 했다. 20세기가 시작될 무렵에는 오스트리아-헝가리의 체코어 사용지역, 발칸반도, 터키의 아시아 지역, 중국, 인도, 우크라이나, 러시아의 코카서스로 복제 민족주의가 확산되었다. 다음 반세기 동안에는 복제 민족주의가 영국과 프랑스의 식민지였던 아프리카 전역과 대부분의 남부아시아 및 중동지역으로 확대되었다.

4

민족, 언어, 종교

새로운 민족들은 이전과는 달리 의식적인 운동의 산물이었다. 이탈리아, 독일, 그리스, 체코, 인도, 인도네시아 민족 운동들은 민족국가가 확립되기 오래 전에 존재한 데 반해 그 이전의 영국, 미국, 프랑스의 경우에는 민족의 관념이 민족국가가 생겨나게 되면서, 심지어는 그 이후에야 비로소 자리잡게 되었다. 그러나 새로운 민족들의 창조자들은 그들의 선행자들보다 훨씬 더 큰 어려움을 겪어야 했다. 그들은 종종 그들이 대체하거나 개혁하고자 했던 국가 지배자들로부터 가혹한 박해를 받았을 뿐 아니라 민족을 구축하기 위해 동원되어야 할 원료—인민—역시 전혀 준비되어 있지 않았던 것이다.

수세기에 걸쳐 장기적으로 진행된 자본주의적 발전으로 북서유럽—그리고 그것이 이식된 북미—에는 단일한 언어가 지배하는 상당히 큰 지리적 영역들이 창출되었다. 즉 잉글랜드의 대부분과 스코틀랜드의 일부, 그리고 북부 프랑스의 상당 부분, 심지어는 루터가 단일한 현지 방언을 사용하는 교회를 확립하는 데 성공함에 따라 독일에서도 이러한 영역들이 나타났던 것이다. 반대로 남부 및 동부유럽과 아시아, 아프리카에서는 자본주의의 뒤늦은 상륙으로 인해 언어적 동질화의 과제가 아직 착수되지 못했다.

이 지역들에서는 중세 유럽에서 나타났던 것과 동일한 양상이 아주 흔하게 발견되었다. 즉 국가의 행정기구에서 사용되는 언어가 있고, 교회에서 사용되는 언어가 있으며, 지방 토호들의 제3의 언어, 농민들의 제4의 언어, 그리고 종종 도시 거주자들의 제5의 언어가 따로 있었던 것이다. 그래서 발칸반도의 어느 지역이든 종교언어—라틴어, 구교회 슬라브어, 고대 그리스어, 고전 아랍어—는 사어(死語)였다. 행정언어는 독일어, 헝가리어, 터키어, 그리스어가 사용되었다. 농민언어는 슬라브어, 때로는 로만스(Romance)어나 헝가리 방언이고, 도시의 언어는 줄곧 독일 방언이었다. 더욱이 농민언어는 마을마다 다르며, 때로는 같은 마을 내에서도 가정마다 달랐다.

이런 점은 전(前)자본주의적 생산 형태가 지배적인 경우에는 아무런 문제도 초래하지 않았다. 농민들은, 행정언어나 몇 가지로 제한된 거래에 필요한 도시언어 정도는 충분히 알고 있었고 실제로 필요할 경우에는 별다른 어려움 없이 한 언어에서 다른 언어로, 한 방언에서 다른 방언으로 바꿔 사용하곤 했다. 그들은 유능하다고 할 정도의 수준—특히 쓰기 능력에서—에 도달할 수는 없었지만,

자기 일을 처리해 나가는 데 아무런 문제가 없었다.

그러나 지나치게 많은 언어와 방언은, 시장과 근대 국가의 진보를 위해 필요한—구어뿐 아니라 문어에서도—언어적 동질성을 확보하려고 했던 근대 민족주의자들에게는 골칫거리였다. 따라서 그들이 자신들의 목표를 이룰 수 있는 유일한 방법은 하나의 구어를 선택해, 이 구어를 모든 사람이 배워서 말하고 읽고 써야 하는 '민족'언어로 공포하는 것이었다.

이러한 선택이 언제나 완전히 임의적으로 이루어진 것은 아니었다. 아무리 느리다 할지라도 자본주의가 발전하면 이미 다른 방언보다 훨씬 영향력 있는 언어를 통해 도시주민과 지속적인 접촉을 갖는 일부 농민이 형성되기 마련이다. 예컨대 19세기 초 프라하에는 이미 체코어를 사용하는 쁘띠부르주아지가 성장하고 있었다. 이들은 민족주의자들이 갈구하는 바, 즉 농민들과의 연결고리 역할을 할 수 있었다. 그러나 여기에는 종종 강력한 임의적 요소들이 결부되기도 했다. 이탈리아 민족주의자들은 터스카니(Tuscan) 방언(단지 반도 인구의 2.5퍼센트만이 사용했던)을 '민족언어'로 최종 선택했고,[10] 최초의 인도 민족주의자들은 델리의 지방언어, 즉 힌두스탄어를—일단 모든 페르시아 기원의 단어들을 일소한 후에—민족언어로 결정했으며, 비엔나에 거주하고 있던 남슬라브 민족주의자

10) 이러한 결정의 핵심적 역할은, 자신의 대단히 영향력있는 소설, ≪약혼자≫(*I promessi sposi*)를 처음에는 롬바르트 방언으로 썼다가, 이후에 그것을 터스카니어로 바꾸는 데 15년을 보냈던 만쪼니(Alessandro Manzoni)가 했다고 한다. 예를 들어, D. M. Smith의 *Italy : A modern history*(Michigan, 1959)를 볼 것.

들은 구교회 슬라브어를 민족언어로 사용하기를 거부하고 대신에 그들이 '세르비아-크로아티아어'로 명명한 스투카비안 방언(크로아티아인과 세르비아인의 일부가 사용하기는 했지만 그들 전체가 사용한 것은 아니다)을 민족언어로 정했다.11)

그러나 무엇을 민족언어로 결정하느냐는 단지 문제의 시작에 불과했다. 그 다음에는 인민대중이 그것을 받아들이도록 설득해야만 했다. 바로 이 점에서 가장 최근에 자본주의가 도입된 경제적으로 후진적인 국가들은 그들의 선행자들보다 훨씬 커다란 어려움을 겪게 되었다. 왜냐하면 자본주의 발전의 성공으로 농민에게는 시장을, 성장하는 도시주민들에게는 일자리를 제공할 수 있었던 곳에서는 공식언어에 유창하지 않아 생기는 불편을 인민들이 참고 견디도록 만드는 것이 별로 어렵지 않았기 때문이다. 예를 들어 프랑스에서는 프랑스어를 사용하지 않던 소수 민족들이 혁명과 민족국가를 환영했는데, 그 이유는 그 민족국가가 그들에게 더 나은 삶을 제공할 수 있으리라 보였기 때문이었다. 미국의 경우에도, 수세대의 비(非)영어 사용 이민자들은, 비록 자신들이 영어를 잘 구사하지는 못했지만, 그들의 새로운 민족국가들을 소중하게 생각했다. 이와는 반대로 스페인의 카탈로니아인들은 경제적으로 보다 후진적인 카스틸라인과 안달루시아인의 언어를 거부했으며, 루마니아의 헝가리인들과 색슨인들은 자신들의 언어를 고집했고, 아일랜드에서는 국가의 수

---

11) I. Banac, *The National Question in Yugoslavia: Origins, History, Politics*(London, 1984), p.81. 또한 E. Hobsbawm, *Nations and Nationalism since 1780* [E. 홉스봄, ≪1780년 이후의 민족과 민족주의≫, 창작과비평사, 1992]을 볼 것.

많은 장려에도 불구하고 극서(極西)지역 사람들이 토착어인 게일(Gaelic)어를 버리고 경제적으로 훨씬 더 유용한 영어를 사용하는 것을 막을 수 없었으며, 인도에서는 남부 사람들이 북부의 힌두어를 받아들이기를 거부했다.

후발 민족주의자들은 종교에 있어서도 유사한 문제에 봉착했다. 민족주의자들의 모델은 정교분리주의적일 수밖에 없었다. 왜냐하면 종교는 자신들이 변혁시키고자 하는 전자본주의 사회의 산물이기 때문이다. 종교는 항상 민족주의자들이 수립하고자 했던 국가의 경계선과 무관하게 존재했다. 그리고 종교는 민족주의자들이 단일한 민족적 정체성을 부여해 장악하고자 했던 인민들 사이에 종종 분열을 조장하기도 했다. 그래서 19세기에 남슬라브 민족주의자들은 카톨릭과 그리스 정교 그리고 이슬람교의 통일을 원했으며, 인도의 민족주의자들은 힌두교와 이슬람교의 통일을, 아일랜드 민족주의자들은 카톨릭과 신교의 통일을, 아랍 민족주의자들은 이슬람교와 기독교의 통일을 원했다.

그러나, 아직도 시장 및 그와 더불어 나타나는 근대화 계획들로부터 동떨어져 있고, '민족언어'를 이해할 수 없는 것으로 여기는 농민대중들 가운데서 기반을 확보하고자 했던 후발 민족주의자들에게는 종교와 타협하고자 하는 유혹이 항상 뒤따랐다. 따라서 아일랜드 민족 운동의 지도자들은 항상 정교분리주의를 이야기하면서도 카톨릭 교회로부터 최소한의 제한적 지지를 획득하려 노력했고, 인도 국민의회의 가장 유명한 인물이었던 간디는 힌두 성자들의 의복을 입음으로써 농민들의 편견에 야합했으며, 아랍 민족주의 정당인 바트당의 창건자인 아플렉크는 말년에 이슬람교로 개종했던 것이다.

언어문제 및 종교와의 이러한 타협은 매우 중요한 결과들을 가져 왔다. 민족주의의 창시자들은 자신을 어느 인종집단에 대항하는 또 하나의 인종집단과 동일시하지 않았으며, 오늘날 완곡하게 '인종청소'라고 표현되는 것도 신봉하지 않았다. 그들의 목적은 자본주의적 의미에서 인민들을 '근대화'시키기 위해 특정 지역의 주민들을 통일시키는 것이었다. 그들은 필요할 경우에는 인민들에게 특정 언어와 문화를 강요했고, 저항하는 이들에게는—프랑스 혁명이 브리타니에서, 잉글랜드와 스코틀랜드 부르주아지의 연합군이 스코틀랜드 북부의 고지에서 그랬던 것처럼—국가의 모든 권력을 사용할 준비가 되어 있었다. 그러나 그들의 목적은 전체 주민들을 통일시키는 것이었지, 한 지역 사람들을 이용해 다른 지역 사람들을 제거시키는 것은 아니었다.

그러나 민족주의자들은 매번 이런 목적에서 벗어나, 항상 하나의 소수 민족의 방언을 고유의 민족언어로 채택하거나, 특정 종교와 자신을 동일시하곤 했다. 따라서 민족 운동은 전체가 아닌 일부 인민에 기반을 두게 되었다. 그것은 필연적인 것이었다. 체코 민족으로부터 스스로 분리한 독일어 사용자들, 아일랜드 민족으로부터 분리해 나온 신교도들, 인도 민족으로부터 분리해 나온 이슬람교도들, 세르비아 민족으로부터 분리해 나온 카톨릭교도와 이슬람교도들을 보면 그러한 사실을 잘 알 수 있다.

5

민족주의의 계급적 기초

민족주의는 자본주의 발전의 이데올로기의 일부로 성장했다. 민족이라는 관념은 부르주아 혁명과 연관된 다른 관념들과 분리될 수 없는 것이다. 만일 민족주의가 지구를 정복해 오늘날 전세계의 모든 개인들에게 그들 나름의 민족적 정체성을 부여하고 있다면 그것은 자본주의가 전세계를 정복했기 때문일 것이다.

그러나 이것은 민족주의의 개척자들이 반드시 자본가들 자신이었다는 것을 의미하지는 않는다. 물론 자본가들 자신이 민족주의의 개척자들인 경우도 있었다. 예컨대, 카탈로니아의 최초의 민족주의 당인 리가(Lliga)는 카탈로니아 자본가들의 당이었다.[12] 그러나 보다 일반적으로 새로운 민족주의의 고무자들은, 그들이 살고 있는 사회의 정체와 후진성 때문에 좌절당한 중간계급 출신이었다. 그들은 다른 민족들처럼 자신들의 나라를 '민족(국가)'로 만들어 경제적 발전을 고무하는 것이야말로 유일한 출구라고 보았다. 다른 모든 민족은 자본주의적이었기 때문에 이것은 현실적으로—전통적 생활양식의 미덕에 대해 아무리 많이 입에 발린 말을 한다 하더라도—자본주의적 발전을 고무하는 것을 의미했다. 1세기 전의 아일랜드 민족주의자들에게 영감을 주었던 것은, 켈트인의 여명기였지만 신페인[아일랜드 독립운동당—옮긴이]의 창설자 아더 그리피스의 강령은 '게일인의 멘체스터'를 창조하는 것이었으며,13) 마하트마 간디는 국산 의류의 미덕을 설교했지만, 그의 국민의회는 인도 대자본가들에게 재정지원을 받았고 국민회의의 경제강령의 핵심은 중공업 건설이었다. 가나의 엔크루마(Nkurmah)는 아프리카 '자치주의'를 찬양했지만, 국가권력을 장악하자마자 근대 산업 건설에 착수했다.14)

민족주의자들은 대자본가들보다는 중간계급 지식인들—시인, 극작가, 교사, 법률가—이 더 많았음에도 그들의 강령은 자본주의를 고무하는 것이었다. 때때로 이것은 새로운 국유산업의 설립을 통해 자신의 구성원들 가운데 일부를 국가자본가로 변신시키는 것을 의

---

12) G. Brennan, *The Spanish Labyrinth*(London, 1960), p.29.

13) 이 표현은 실제로는 그리피스의 비평문에서 만들어진 것이지만, 그럼에도 불구하고 그것은 독일이 프리드리히 리스트에서 모델을 따온 자신의 경제적 민족주의를 정확하게 요약하고 있다. N. Mansergh, *The Irish Question*(London, 1965), p.238을 볼 것.

14) B. Fitch · M. Oppenheimer, *Ghana, The End of an Illusion*, pp.33, 182~183을 볼 것.

미하는 것이었다. 그렇지만 민족주의자들은 이에 앞서 사회 전반에서 지지 기반을 확보해야만 했다.

그러한 지지 기반의 중요한 부분은 대체로 중간계급 자체이거나 또는 중간계급 중 특정 분파였다. 사회의 후진성은 중간계급이 출세할 수 있는 기회가 거의 존재하지 않는 것으로 나타나는데, 국가권력이 전(前)자본주의 지배계급이나 기존의 외세의 수중에 있을 때는 특히 더 그랬다. 따라서 중간계급이 생활에서 자신의 기회를 증진시킬 수 있는 확실한 길은 국가기구 내에서 일할 수 있는 권리를 위해 투쟁—만약 언어가 문제라면 자신의 언어를 사용해—하는 것이며, 나아가 그들 자신의 '민족적' 통제 하에서 국가기구를 혁명적으로 재구성하기 위해 투쟁하는 것이었다.

이와 비슷한 방식으로, 소상점, 상업, 소생산 등에 종사하는 부르주아지가 민족주의적 방향 아래 집결할 수 있었다. 그들은 대자본이 일반적으로 가지고 있는 능력, 즉 전(前)자본주의의 국가기구나 외국의 국가기구로부터 양보를 얻어낼 능력을 가지지 못했다. 그러나 새로운 민족국가가 창출되면 그들은 정치적 결정에 대한 영향력과 정부계약 그리고 이와 더불어 보호받는 시장을 얻게 되는 것이었다.

마지막으로, 농민과 맹아기의 노동자 계급은 항상 민족적 대의의 동맹자였다. 그들은 사회의 일반적 후진성으로 고통을 받았으며, 낡은 국가기구 지배자들로부터 지속적인 멸시와 억압을 받아왔다. 민족주의적 선동은 불만에 찬 대중에게 관심의 초점이 되었고 그것은 하층 계급들이 행동하도록 고무할 수 있었다.

그러나 민족주의자들이 노동자와 농민에게 의거하는 데는 항상 하나의 문제가 있었다. 노동자와 농민의 불만은 단순히 전(前)자본주의적 착취 형태나 낡은 국가 형태에 국한된 것이 아니었다. 그것은 종종 새로운 '민족자본가들'이 지배하는 신흥 자본주의 형태나 '민족적 중간계급'의 특권에 대한 불만이기도 했다. 옛 지배자나 착취자에 대한 적대감에서 시작되는 노동자와 농민의 운동은 자국에서 등장한 새로운 지배자나 착취자와도 쉽사리 충돌할 수 있었다. 이 경우 민족주의 지도자들의 모든 계획은 뒤엎어질 수 있다. 바로 이런 이유로 인해, 민족주의 운동의 역사에서 한동안 나타나는 노동자들 속에서의 선동의 시기는 곧 '민족적' 유산계급의 이해관계를 충족시키기 위한 급격한 방향 전환과 더불어 끝나게 된다. 그 대가가 민족 운동 자체를 탈선시키는 것이라도 말이다. 1848~49년의 독일, 1921~22년의 아일랜드, 1925~27년의 중국 등에서 나타난 [민족주의자들의 — 옮긴이] '배신'은 이 때문에 생겨난 것이다.

노동자들의 운동은 민족주의자들에게 일시적인 동맹군이 될 수 있을 것이다. 그러나 그것은 민족주의자들이 추구하는 계획에 대한 확고하고 신뢰할 수 있는 기반이 되어 줄 수는 없다. 이 때문에 민족주의자들은 부르주아지나 쁘띠부르주아지의 제 분파들에게 의존해야만 하는 것이다.

6

반동적 민족주의 운동들

고전적인 민족주의 운동들은 18~9세기에 유럽과 미국을 휩쓴 부르주아 혁명의 중요한 일부였다. 그 후 민족주의 운동들은 종종 제국주의 지배를 탈피하고자 했던 식민지 인민들의 투쟁과 연결되었다. 그런 경우 민족주의 운동들은 기존의 억압적인 국가구조에 도전했다. 비록 이 운동들이 기존 국가구조를 단지 새로운 억압적 국가구조로 대체하려는 것이었을지라도 말이다.

그러나 초기부터 '민족주의적' 성격을 띠고 있지만, 사실은 낡은 국가구조를 허무는 것이 아니라 그것을 보호하는 데 복무하는 민족주의 운동도 존재했다. 이러한 운동 가운데 하나가 스코틀랜드 북부 고지인들의 민족주의 운동인데, 이들은 스코틀랜드 북부 저지인들과 잉글랜드인들이 강요하는 새롭고 부르주아적인 사회조직으로부터 자신들을 보호해줄 것이라는 믿음으로 1714년과 1746년에 영국의 왕권을 요구하며 일어났던 스튜어트가(家)의 반동적인 봉기에 결합했다. 또 다른 예는 1790년대 브레타뉴 반도의 초우안(chouan) 운동인데, 여기서 성직자와 왕당파는 반혁명 봉기를 일으키기 위해, 전통적인 생활 방식의 위협에 대한 두려움을 갖고 있던 브레타뉴 농민들을 이용했다. 세 번째 예는 1830년대와 1870년대에 있었던 스페인 북부의 돈 카를로스(Don Carlos) 지지 운동이다. 당시 바스크와 나바르 농민들은 가장 반동적인 세력(이들의 첫 번째 요구는 종교재판소의 재건이었다!)의 지도 하에 싸움으로써 전통적인 권리의 상실에 대한 분노를 표현했다.

아일랜드 오렌지당도, 비록 다른 사회적 토대를 가지고 있었지만 같은 범주에 속한다. 이 당은 1790년대 후반에 아일랜드 민족운동을 괴멸시키기 위해 프로테스탄트의 우월성이라는 슬로건 하에 영국 국가가 의도적으로 만든 비밀결사체로서 1832년, 1848년, 1884년, 1912년 그리고 1920~21년에 같은 목적으로 부활하곤 했다. 오늘날의 일부 민족주의자들은 이들 운동이 자신들의 선구라고 주장하지만, 이들 운동은 민족주의를 공언하지 않았었다. 그러나 1848년 혁명기 동안에 등장한 한 운동이 있었는데 그것은 보다 일반적인 민족주의적 분출의 한 부분이었다. 그것은 바로 오스트로-헝가리 제국 내에 살고 있던 슬라브족의 운동이었다. 그 지도자들은 체코인, 루테니아인(서부 우크라이나인), 남슬라브인(세르비아인, 크로아티아인 그리고 슬로베니아인을 총괄하는 명칭)으로 이루어진 새로운 민족적 실체의 창출을 운동의 목적으로 삼고 있었다. 그러나 보헤미아 체코인들 일부를 제외하고는, 이들 민족의 압도 다수가 여전히 경제적으로 후진적인 농민들이었고, 의사소통이 서로 불가능한 방언을 사용했으며, 공통의 민족적 유대라는 사상 역시 소수의 도시 지식인들에게만 제한되어 있었다. 따라서 농민대중의 경제적 후진성이나 지역적 편협성이라는 낡은 전통을 민족통일체라는 새로운 모델로 대체하는 투쟁 속으로 농민을 끌어들일 수 없었다. 그러나 그들 가운데 일부는 브레타뉴나 바스크 지역의 농민들이 했던 역할, 즉 독일과 헝가리 민족주의자들의 도전에 맞서 구봉건질서를 방어하는 투쟁을 하도록 설득당했다. 그래서 1848년에 그들은 반혁명 편에 서서, 비엔나에서 합스부르크 왕가가 혁명을 분쇄하는 것을 도왔다. 당시 마르크스는 이렇게 썼다. "비엔나에는 반혁명이 자신들에게 해방을 가져다 줄 것이라고 생각하는 민족주의자들이 모두 모여 있다."[15] 의심할 여지없이, "이 시기에 유럽의 모든 민주주의자들은 소(小)슬라브 민족들을 증오하게 되었다……."[16]

점차 부르주아지화되는 세계에서, '민족'이 확립되어 전반적으로 정통성의 상징으로 인식됨에 따라 구질서와 싸우는 운동뿐 아니라 구질서를 강화하려는 운동들도 그들의 깃발에 '민족적' 구호를 새겨넣었다. 예전에는 민족주의 운동을 가장 격렬히 반대했던 왕조 제국들조차도 19세기 후반에 이르러서는 민족주의적인 언사로 자신들

---

15) Marx · Engels의 *Collected Works*, vol. 8(Moscow, 1977), p.17에 있는 'The Counter-Revolution in Berlin', *Neue Rheinische Zeitung*, 1848년 11월 12일자.

16) R. Rosdolsky의 *Engels and 'non-historic' Peoples*(1987), p.35에 인용되어 있는 O. Bauer, *Die Nationalitätfrage und die Sozialdemokratie*, p.271.

을 재규정하기 시작했다. 프러시아 왕가는 독일 민족주의 이데올로기를 채용했고, 합스부르크 왕가는 자기 지역을 두 부분으로 나누어, 그중 한 곳에서는 공식언어를 라틴어에서 헝가리어로 바꾸었으며, 또 다른 한 곳에서는 독일어로 바꾸었다. '전(全) 러시아의 짜르'—궁정에서는 프랑스어를 사용했으며, 독일어를 사용하는 행정관료들에게 상당히 의존했던—도 대러시아 민족주의를 부추기기 시작했고, 다른 종족집단을 천부적으로 열등한 존재로 취급하기 시작했다. 러시아화가 공식정책이 된 것은 알렉산더 3세(1881~1894) 이후부터였다.17)

중세 말, 봉건 영주들에 대항한 세력이었던 도시의 중간계급을 이용해 등장했던 절대주의 왕조들도 부르주아지나 쁘띠부르주아지의 여러 부분들과 재협상함으로써 자신의 생명을 연장시키려 했다. 왕조들은 같은 언어를 사용하는 무역업자, 은행가, 공장주, 젠트리 그리고 교육받은 지식인들이 자신의 적들—다른 언어를 사용하는 부르주아지나 쁘띠부르주아지를 포함한—에 대항해 결집될 수 있다면 이들에게 특권을 부여해주곤 했다.

그러나 민족주의를 추구하며 다른 민족주의에 대해서는 박해정책을 취한 것은 구(舊)절대주의 왕조만이 아니었다. 아프리카 전체 그리고 아시아의 대부분을 분할하고 있던 기존의 선발 자본주의 국가들도 그런 정책을 추구했다. 19세기 후반기에는 '영국' 민족주의에 대한 새로운 찬사가 등장했다. 이때 아이들에게 '민족' 역사를 찬미하도록 가르치는 국영교육제도가 수립되었으며, 제국을 찬양하

---

17) B. Anderson, *Imagined Communities*, p.87.

는 문필가들이 쓴 민족주의적 대중소설이나 희곡, 시 그리고 노래가 등장했고, 대중이 자신을 왕조와 동일시하도록 부추기는 것을 목적으로 한 전통이 의식적으로 만들어졌다. 중간계급에게는 '민족'이나 제국과의 일체화가 단순한 이데올로기에 불과한 것이 아니라 노골적인 물질적 유인을 담고 있는 것이었다. 제국을 통치하는 관료들은 영어를 사용했으며, 관료제도 내의 출세구조는 중간계급의 잉글랜드인이나 스코틀랜드인에게만 열려져 있었다. 그것은 아일랜드의 카톨릭교도나 오스트레일리아인에게는 닫혀져 있었고 인도인이나 아프리카인의 경우엔 더더욱 그랬다.

영국의 식민지 지배에 대한 반대 운동을 약화시키기 위해 반동적인 민족주의는 언어적·종교적 차이를 교묘하게 이용했다. 프로테스탄트의 우월성을 주장하는 오렌지당의 슬로건이 아일랜드에서 효력을 발휘했던 것과 마찬가지로, 인도에서 영국은 1900년대 초에 종교에 따라 벵골을 분리시킴으로써 초기의 민족주의 운동에 대해 이슬람교라는 카드를 사용했다. 1차세계대전 말 팔레스타인에서는 영국 지배에 저항하는 아랍 세력을 꺾기 위해 유럽에 살고 있던 유태인들의 이민을 부추겼다. 영국은 키프러스에서는 주로 터키어를 사용하는 소수 집단으로부터 그리고 실론(현재는 스리랑카)에서는 타밀어를 사용하는 집단으로부터 경찰병력을 충원했다.

7

모순적 민족주의들과 공동체주의

19세기 후반 이래 민족적 이상이 전세계로 확산되면서 다시 한 번 왜곡이 있었다. 서로 경쟁관계에 있던 민족체들이 한 지역을 두고 싸우기 시작했던 것이다.

초기의 민족주의자들은 소수 [민족—옮긴이] 집단들을 자신들의 새로운 민족국가로 쉽사리 흡수할 수 있으리라 여겼다. 실제로 최초의 민족국가들에서는 그것이 가능했다. 잉글랜드는 스코틀랜드인을 흡수해 '영국'이나 대영 제국과 일체감을 갖게 만드는 데 성공했으며, 프랑스도 오시타니안 방언을 사용하는 남부인들을 흡수했고 심지어 독일어를 사용하는 많은 알사스인들까지도 획득했다. 독일제국은 작센, 튀링겐, 하노버, 함부르크, 그리고 브레멘(비록 분리주의적 경향이 바바리아와 라인란트에 온존했지만)으로부터 충성을 확보할 수 있었다.

그러나 많은 후발 민족주의들의 경우에는 사정이 매우 달랐다. 앞에서 살펴보았던 것처럼, 자본주의가 뒤늦게 성장함에 따라, 새로운 민족으로 형성되어야 할 사람들 사이에 존재해야 할 하나의 지배적 언어나 방언이 거의 존재하지 않았던 것이다. 따라서 민족주의자들은 하나의 언어를 새로운 민족언어로 공표함으로써 인민의 일부로부터 지지를 얻을 수 있었지만, 그것은 곧 다른 집단과의 대립을 초래하게 되었다.

자본주의 발전이 일정 정도 이루어진 곳에서도 그런 일들이 쉬운 것은 아니었다. 왜냐하면, 민족언어에 유창하지 못한 농민의 새로운 부분을 시장관계 속으로 흡수해 그들 가운데에서 새로운 쁘띠부르주아지를 창출해내야 했기 때문이었다. 이러한 상황 하에서 지식인들은 농민방언을 새로운 언어로 성문화해, 이 새로운 언어에 대해 그리고 그것에 바탕을 둔 민족국가에 공적인 지위를 부여하려고 투쟁하기 시작했다. 예를 들어 보자. 프라하의 경우, 이전에 농민이었던 사람들이 지속적으로 유입됨으로써 주로 독일어를 사용하는 도시에서 체코어를 사용하는 도시로 바뀌게 되었고 그 결과 오스트리아의 보헤미아와 모라비아 주(州)에 새로이 독립한 체코 국가를 세우려는 요구가 증대하기 시작했다. 그러나 19세기 말에 이르러서 프라하에는 체코어를 사용하는 다수 집단이 존재했다. 동유럽과 발칸 그리고 코카서스의 많은 주요 도시에서는 경쟁하는 언어 집단들이 동시에 성장하고 있었지만 그들 중 어느 것도 어떤 지배적 위치를 차지하지는 못했다. 트랜실바니아에서는 헝가리어와 루마니아어, 트리에스트에서는 이탈리아어와 슬로베니아어, 실레지아에서는 독일어와 폴란드어, 빌니우스에서는 리투아니아어와 폴란드어 그리고 이디시어, 서부 우크라이나에서는 우크라이나어와 이디시어 그리고 폴란드어, 이스탄불에서는 터키어와 그리스어 그리고 아르메니아어, 마케도니아에서는 그리스어와 슬라브어, 바쿠에서는 러시아어와 아르메니아어 그리고 터키어가 동시에 사용되었다.

자본주의 세계는 언어적 민족국가로 조직된 세계이다. 그래서 각 인종집단이 이 세계에 흡수됨에 따라 이 집단의 쁘띠부르주아지는 자신의 언어와 국가를 원했다. 영국, 네덜란드, 프랑스 그리고 독일의 경우 매우 길고도 자연발생적인 과정을 통해 동질적인 언어와 국가를 얻었던 반면, 후발 주자들의 경우에는 상황이 완전히 달랐다. 여러 민족주의들은 서로간에 유혈적인 전쟁을 수행하거나 구절대주의에 대항해 — 때로는 구절대주의를 대신해서 — 피로 얼룩진 전쟁을 수행함으로써만 자신들의 목표를 달성할 수 있었다.

이것이 의미하는 바는 1913년 제2차 발칸 전쟁의 참사에서 잘 드러난다. 이 전쟁 당시 서로 경쟁하던 루마니아와 세르비아 그리고 그리스의 민족국가들이 불가리아에 대항해 힘을 합쳐, 마케도니아를 양분하고 약 50만 명을 죽음으로 몰아넣었다. 이것은 또한 1915년 구(舊)오스만 제국에서 터키어와 쿠르드어를 사용하는 인민들을 자신들의 휘하로 끌어들였던 민족주의적 '청년 투르크당' 장교들이 제국 내에서 아르메니아어를 사용하는 엄청나게 많은 수의 인민을 몰살했던 데서도 다시 나타났다. 1918~19년에는 경쟁관계에 있던 아제르바이잔과 아르메니아 민족주의 집단들이 바쿠에서 서로 살육행위를 저질렀으며, 1921~22년에는 터키와 그리스 사이의 전쟁에서 각국 군대는 상대방 민족의 수십만 인민을 살해했다. 동유럽과 발칸 그리고 코카서스에서는 민족주의가 '인종 청소'—강제 추방, 심지어는 학살 수용소—를 의미하기에 이르렀다.

8

고전적 마르크스주의와 민족문제

마르크스와 엥겔스는 1840년대 혁명 운동의 중요한 일부였다. 그들은 자신들의 정치적 삶을 자유민주주의의 가장 급진적인 진영에서 시작했지만, 곧 인간해방은 노동자 계급의 혁명에 의해서만 성취될 수 있음을 깨달았다. 그러한 혁명만이 '인민들 간의 민족적 차이와 적대'를 종식시킬 것이라고 보게 된 것이다.

> 한 개인이 다른 개인을 착취하는 것이 종식되는 것에 비례해 한 민족이 다른 민족을 착취하는 것도 종식될 것이다. 민족 내부의 계급들 사이에 적대감이 사라지는 것에 비례해 한 민족의 다른 민족에 대한 적대도 사라질 것이다.18)

그러나 그들이, 절대주의에 대항한 부르주아 민주주의 세력의 투쟁에 대해 초연한 태도를 취했던 것은 아니다. 그들은 구질서와 화해하려고 했던 부르주아 민주주의자들의 시도를 좌익적 입장에서 비판하며 1848~49년의 혁명적 봉기에 참여했다. 당시의 혁명에서 중심적 역할을 했던 것은 네 가지의 중요한 민족 운동이었다. 그들을 분열시켰던 여러 왕정을 통일된 부르주아 민족국가로 대체하기 위해 독일과 이탈리아에서 각각 일어났던 투쟁, 비엔나에 근거를 두고 있던 합스부르크 왕조로부터 헝가리를 해방시키려 했던 투쟁, 유럽 반동의 헌병이었던 짜리즘으로부터 폴란드를 해방하려 했던 투쟁이 그것이다. 1848~49년의 상황에서 볼 때 이러한 운동이 단 하나만 성공했더라도 그것은 전체 혁명에 이익이 되는 것이었고 단 하나의 패배라도 그것은 반혁명의 승리였다. 따라서 마르크스와 엥겔스는, 혁명 전쟁을 통해 독일, 헝가리, 이탈리아, 폴란드에서 새로운 민족국가가 수립될 것이며 유럽에서 봉건주의의 마지막 잔재들이 최종적인 패배를 당할 것이라고 생각했다. 이 전쟁에 참여했던 적들 가운데에는 절대주의에 대한 지지를 정당화하기 위해 민족주의적 언사를 사용했던 오스트로-헝가리 제국의 슬라브인 정치가도 있었다. 그들의 패배는 부르주아 민주주의의 완전한 발전을 위한 기초가 될 것이고, 나아가 체제에 대한 노동자 계급의 투쟁을 위한 기초를 다지는 과정의 일부가 될 것이다.

마르크스와 엥겔스는 그러한 상황에서 무엇을 해야할 것인지를

---

18) Marx · Engels · Lenin, *The Essential Left*(London, 1960), p.33에 실려 있는 K. Marx · F. Engels의 *Manifesto of the Communist Party.* [≪칼 맑스 · 프리드리히 엥겔스 저작선 I≫, 박종철출판사, 418면]

파악하기 위해 민족주의에 대한 특별히 정교한 분석이 필요하다고 여기지는 않았다. 그들은 혁명적 선동에 참여했을 뿐 아니라 역사와 사회에 대한 완전히 새로운 관점을 정교화하는 데 몰두했다. 특히 엥겔스는 상이한 민족 운동들을, 헤겔 역사철학의 용어를 받아들여, 장구하고 역동적인 역사를 가지고 있는 '역사적 인민들'에 기초하고 있는가 아니면 역사 발전에 의해 주변화될 운명에 처한 '비역사적 인민들'에 기초해 있는가에 따라 구분했다. 이 단계에서는 마르크스와 엥겔스도 민족이 새로운 역사적 현상이라는 점을 이해하지는 못했던 것으로 보인다. 즉 그들은,[19] 그것이 이전의 국가나 인종집단들과 어떻게 다르며, 그리고 그들이 비난했던 대부분의 운동들이 근대적 민족 운동의 특징들과 얼마나 거리가 있었던가를 이해하지도 못한 것 같다.[20]

마르크스와 엥겔스는 1860년대에 아일랜드에서 영국의 지배를 반대하는 선동이 새롭게 시작되는 상황에 봉착하자, 민족 운동에

---

19) 이 점 때문에 몇몇 작가들은 민족문제에 관한 마르크스와 엥겔스의 접근 방식을 외면했다. 그래서 반(反)마르크스주의자 라클라우의 추종자인 에프렘 님니는 이 당시 마르크스와 엥겔스가 실제로 주장하지도 않은 궤변적인 유물론의 민족문제 분석을 이들의 탓으로 돌릴 수 있었다. 님니의 *Marxism and Nationalism*(London, 1991)을 보시오.

20) 체코의 운동은 루테니아나 남부 슬라브 민족들보다 더 근대 민족 운동에 가까웠다. 심지어 1848년 초에도 체코 부르주아지와 쁘띠부르주아지는 '민족적' 자본주의 발전을 위한 강령을 중심으로 보헤미아와 모라비아의 농민들을 묶어내려고 시도했다. 그런데 이런 방식은 고지인들, 브레타뉴인들, 그리고 카를로스 당원들에게는 분명 진실된 것이 아니었다. 마르크스는 ≪신라인신문≫(*Neue Rheinische Zeitung*)에서, 오스트리아 군주가 민주주의 운동을 공격한 뒤에 체코의 지도자들이 거만하게 굴기 전까지는, 체코인들에게 약간의 동정심을 나타냈다.

대한 그들의 입장을 바꾸기 시작했다. 이전에 그들은 아일랜드에 대한 영국의 억압에 반대하긴 했지만 영국에서의 혁명적 변화를 통해 아일랜드에서의 영국의 억압이 종식될 수 있을 것이라고 보았다. 이제 그들은 입장을 바꾸었다. 마르크스는 엥겔스에게 다음과 같이 편지를 썼다.

> 나는 영국 노동자들이 페니안니즘[fenianism : 아일랜드의 독립을 목적으로 주로 재미 아일랜드 사람들로 이루어진 비밀결사 — 옮긴이]을 지지하도록 하기 위해 최선을 다했습니다. …… 나는 영국으로부터 아일랜드의 분리는 불가능하다고 생각했습니다. 그러나 이제 나는 비록 분리 이후에 연방이 형성될지라도 분리는 불가피하다고 생각합니다.[21)]
>
> 아일랜드인이 원하는 것은 …… 자치 정부, 영국으로부터의 독립 …… 농업 혁명 …… 영국에 대한 보호관세입니다.[22)]

그리고 쿠겔만에게 다음과 같이 썼다.

> 영국 노동자 계급은 …… 아일랜드에 대한 자신들의 태도를 지배계급의 태도로부터 아주 분명하게 분리하고 아일랜드인과의 공동의 대의를 세울 뿐 아니라 심지어 1801년에 수립된 영국과 아일랜드의 연방을 해체하는 데 스스로 떨쳐나서기 전에는 이곳 영국에서 결코 어떠한 결정적인 역할도 할 수 없을 것입니다. 그리고 이것은 아일랜드인

---

21) *Marx · Engels Collected Works*(Moscow, 1987), pp.460~461, 1867년 11월 2일자 편지.

22) 앞의 책, vol. 42, pp.486~487, 1867년 11월 30일자 편지.

> 에 대한 동정심이 아니라, 영국 프롤레타리아트의 이익에 기초한 요구로서 수행되어야 합니다. 그렇게 되지 않는다면 영국 프롤레타리아트는 영원히 지배계급의 속박에 묶여 있게 될 것입니다. 왜냐하면, 그들은 아일랜드에 대항해 지배계급과 공동전선을 형성하도록 강요받을 것이기 때문입니다……[23]

마르크스는 아일랜드 문제를 다루면서 매우 중요한 점을 지적했다. 억압민족에 속하는 노동자들의 민족주의는 자신들을 지배자에게 얽매이게 해 자신들에게 해를 끼치지만, 피억압민족의 민족주의는 그들의 지배자들에 대항한 투쟁으로 인도할 수 있다는 점이다. 나아가 그는 '유럽의 위대한 역사적 민족들'에 속하지 않는 민족의 투쟁을 지지했다. 그러나 엥겔스가 민족에 대한 새로운 역사유물론적 설명을 제시했던 것은 마르크스가 죽은 다음이었다. 그는 비록 완성하지는 못했지만, ≪독일 농민 전쟁≫—종교개혁기 동안의 인민 소요(騷擾)를 다루고 있다—을 재서술하려는 계획을 가지고 중세 말기의 사회 변화와 새로운 역사적 현상인 민족국가를 형성시킨 물질적 요소를 파악하기 위해 연구했다. 그는 도시들이 압도적으로 성장해, 이들이 봉건 지배계급의 나머지 부분에 맞서 군주와 동맹함에 따라 "중세 초기를 특징지웠던 인민의 혼란으로부터 점차적으로 새로운 민족주의들이 성장했다"고 강조했다. 그러나 이러한 언급은 미출간 원고로 남아 있다가 1935년에야 출간되었다.[24]

---

23) 같은 책, vol. 43, pp.390~391, 마르크스가 쿠겔만에게 보내는 1869년 11월 29일자 편지.

24) 1884년 말에 쓰여지고 지금은 *Marx · Engels Collected Works*, vol. 26(Moscow, 1990), pp.556~565에서 찾아볼 수 있는 <봉건주의의 쇠퇴

민족주의에 대한 역사유물론적 분석이 좀더 심화되기 시작한 것은 새로운 정치적 발전으로 말미암아 민족문제가 갑자기 긴급한 주제가 되었던 19세기 후반이었다.

독일 제국에서 사회주의 운동이 성장하면서 오스트리아(당시에 오스트리아는 오늘날의 체코의 보헤미아와 모라비아, 슬로베니아를 포함하고 있었다)에서도 유사하게 사회주의 운동이 성장했고 거기에서 유명한 독일어권 마르크스주의자들이 등장했다. 오토 바우어, 루돌프 힐퍼딩은 오스트리아인이었고, 칼 카우츠키는 체코인이었다. 그러나 오스트리아의 슬라브인들 사이에서 민족주의적 선동이 성장함에 따라 오스트리아 당은, 최초로 실질적인 성공을 누리고 있던 시점인 1890년대에 격렬한 논쟁에 빠져들었다.

오토 바우어는 민족주의를 새롭게 분석함으로써 논쟁을 해결하려고 했다. 그는 민족이란 '문화공동체' 또는 '운명공동체'이며, 이 공동체는 여기에 속하는 모든 사람들에게 다른 민족에 속한 사람들과 전혀 다른 경험을 하게 만든다고 주장했다.[25] 민족은 그 구성원들에게 공통적인 특질을 부여하며 따라서, 예컨대 영국인과 독일인

와 민족국가의 출현>('On the Decline of Feudalism and the Emergence of the National States')을 보시오. 이보다 겨우 2년 전에 엥겔스는 자신의 수고 <게르만인들의 초기 역사에 관하여>('On the Early History of the Germans')에서 아직도 '게르만 민족'이 줄리어스 시저 시대에도 존재하는 것으로 이야기하고 있었다. *Collected Works*, vol. 26, p.30을 보시오.

25) O. Bauer, 'The Concept of Nation', *Die Nationalätfrage und die Sozialdemocratie*에서 영어로 번역. 프랑스어 판으로는 G. Haupt, M. Lowy · C. Weill(편), *Les Marxistes et la question nationale*(Paris, 1974), p.235를 보면 된다.

이 같이 여행을 하더라도 전혀 다른 경험을 하게 된다는 것이다. 이러한 문화의 차이 때문에 덴마크인과 노르웨이인의 경우나 또는 세르비아인과 크로아티아인의 경우처럼 서로 동일한 언어를 사용한다 할지라도, 그들은 여전히 별개의 민족으로 남아 있게 된다.[26] "비록 혈통이 섞인다고 하더라도 민족을 엄격하게 구분하는 것은 문화의 차이이다."[27]

바우어는 민족문화가 세 가지 역사적 단계를 경과한다고 주장했다. 민족문화는 "모든 동족들이 문화뿐 아니라 혈연공동체로 묶여진" 원시적 공산주의의 시기에 시작되어 지배계급의 문화와 결부되어 있는 계급사회의 시기를 경과하고 최종적으로 "미래의 사회주의 사회에 의해 재현"된다.[28] 따라서 "민족"은 "우리 내부의 역사적인 것"[29]을 구성하는 것이자 "역사의 압축"[30]이라고 말할 수 있는 생산제력의 발전으로 파악될 수 있다.

그는 계속해서, 민족의 가치를 깨닫지 못하고 "프롤레타리아 세계주의"를 선택하는 사람들을 "부르주아지 세계의 민족적 투쟁에 대항해 노동자 계급이 취하는 가장 원시적인 입장"이라고 아주 솔직한 말로 공격했다. 가령 "체코와 독일의 동지들"이라고 말하기보다 "체코어와 독일어를 사용하는 동지들"이라고 말하는 것이 그렇다는 것이다. 바우어에 따르면 그런 사람들은 "합리주의적이고 계몽주의적인" 사고나 "사회에 대한 원자화되고 개인주의적 개념"의

26) 같은 책, p.238.
27) 같은 책, p.239.
28) 같은 책, pp.241~242.
29) 같은 책, p.243.
30) 같은 책, p.249.

덫에 빠져 "개인 그 자신이 민족의 산물"이라는 사실을 깨닫지 못하고 있는 것이다.

바우어는, 사회주의자들은 민족이라는 사상을 인간의 존재에서 중요한 사회·역사적 요소로서 받아들여야 한다고 결론짓고는 오로지 사회주의 하에서만 민족문화가 완전히 발전할 것이라고 주장했다. "사회주의는 모든 민족에 대해 그들의 정치적 통일과 자유에 대한 열망의 실현을 천명한다. 이것은 독일 민족에 대해서도 마찬가지이다."[31] 그는 사회주의자들이 문화적 민족주의를 지지해야만 경제적 발전에 필수적인 거대 국가들이 파편화되는 것을 막을 수 있다고 주장했다.

오스트리아 사회주의자들은 바우어의 관점[32]에 기초해, 오스트로-헝가리 제국의 모든 민족들에게 현존 제국주의 국가구조 내에서 그들의 민족적 제도를 보장하는 정교한 강령을 작성했다. 특정 지역의 민족에게 교육과 문화문제에 대한 자치권이 부여된다면, 그 민족은 제국 전역에 걸쳐 단일한 '자치'구조를 형성하기 위해 다른 지역의 민족집단과 연합할 것이다. "공용어가 필요한지에 대해 비록 연방회의가 결정을 내릴 수는 있겠지만" 어떠한 공식언어도 있을 수 없다. 이러한 전체 구조는 "오스트리아의 모든 민족들의 민족적 특수성을 양육하고 발전시키는 것"을 고취시키기 위한 것이었다.[33]

---

31) 같은 책, p.264.
32) E. Nimni의 *Marxism and Nationalism*, p.145에 따르면, 그는 그러한 관점의 어떤 측면들에 의해 비판적이기도 하다.
33) 1899년 브루노의 오스트리아당 대회에서 채택된 이 강령은 로자 룩셈부르크의 *The National Question*(New York, 1976)의 pp.104~105에 실

그러나 그러한 계획은 실제로는 사회주의 운동에 참여하는 사람들이 노동자 계급 내의 민족적 차이들을 강조하는 자들에게 끊임없는 양보를 하도록 부추겨, 처음에는 사회당이, 다음에는 노동조합이 상이한 민족조직들로 분열되는 결과를 초래했다. 결국 이것은, 독일어를 사용하든 체코어를 사용하든 간에, 상이한 언어를 사용하는 노동자들을 착취했던 고용주들을 기쁘게 했을 따름이다.

바우어의 입장에 대해 최초로 이론적 공격을 가한 사람은 칼 카우츠키였다. 그는 이미 1880년대 후반에 근대 민족의 기원에 대한 유물론적 분석을 심화시켰고, 민족문제를 다양한 방식으로 다루는 다수의 논문을 저술했다. 이 논문들이 레닌과 같은 다른 마르크스주의자들의 출발점이 되었다. 조르쥬 하오프트가 언급했듯이 "체계화를 꾀하지는 않았지만, 이론을 구성하고 새로운 장을 열어 젖혔으며 여러 주장들의 차이점들을 부각시켰던 칼 카우츠키는 오랫동안 필요불가결한 준거틀이었다."[34] 바우어와 카우츠키의 의견불일치는 "민족에 대한 두 가지 개념의 대립, 곧 레닌이 명명한 바에 의하면 '심리 · 문화적 개념'과 '역사 · 경제적 개념' 사이의 대립이었다."[35]

카우츠키는 민족에 대한 개념 규정이 실질적으로 불가능하다는 것을 인정했다.

려 있다.

34) G. Haupt, 'Les Marxistes face a la question nationale : l'histoire du problem.'

35) 같은 책, p.49.

> '민족'은 파악하기 어려운 사회구성체이고 사회 발전의 산물이며 따라서 그 법칙들은 명확히 규정된 사회적 조직으로 변형될 수 없다. 민족은 다른 조건에서는 다른 의미를 갖는, 스스로 끊임없이 변화하는 사회적 관계이다.……[36]

그럼에도 불구하고 그는 민족을 경제적 발전과 연관지어 이해할 수 있다고 주장했다. "여러 사회가 여러 민족국가로 이합집산하는 것은 경제적 발전의 가장 강력한 지렛대 중의 하나이다."[37] 그는, 오직 이런 방식으로 이해할 경우에만 왜 독일어 사용자들, 말하자면 북부 보헤미아인들이 자신을 독일 민족의 일부로 간주하는 반면 스위스 사람들은 그렇지 않은가를 설명할 수 있다고 주장했다.[38] 민족이 경제적 발전에서 중요한 역할을 하기 때문에 "근대 국가의 고전적 형태는 민족국가이다. 그러나 일반적으로 고전적 형태는 단지 하나의 경향으로 존재할 뿐이다. 고전적 형태가 완전히 전형적인 방식으로 발전된 경우는 드물다."[39] 더욱이,

> 경제적 적대감이 심화될수록 각각의 경제지역들은 지역 내의 도시와 농촌의 산업을 발전시키려 하지만 그것은 이웃 지역의 산업을 침해하지 않고서는 점점 불가능하게 된다. 여러 오스트리아 지역들은 점점 분리되는 경향이 있고 민족들의 '화해'는 점점 어려워진다.[40]

---

36) 'Nationality and internationalism', *Neue Zeit* 1908년 1월호, G. 하오프트의 위 편집서 p.129에 불어로 번역되어 있다.
37) K. Kautsky, 'La Nationalité moderne', *Neue Zeit* 1887, G. 하오프트의 위 편집서 p.119에 불어로 번역되어 있다.
38) 같은 책, pp.114~127.
39) 같은 책, p.114.

카우츠키는 바우어가 언어의 중요성을 경시했다고 비판했다. 그는 여러 '언어공동체'를 포함하고 있는 민족의 단 하나의 예로 스위스가 있다고 말했다. 서로 다른 민족들이 동일한 언어를 공유하고 있는 경우—그는 영국인과 아일랜드인, 덴마크인과 노르웨이인, 세르비아인과 크로아티아인을 언급했다—"이것은 각각의 민족공동체가 하나의 언어공동체라는 것을 증명하지 못하고 단지 때때로 하나의 언어공동체가 두 민족을 포괄할 수 있음을 증명할 뿐이며 언어공동체만이 민족의 변별적인 표지가 아니라는 점을 보여 줄 뿐이다."41) 사실 "사회 생활에서 언어의 강력한 역할 때문에 우리는 민족적 정서라는 힘의 상당 부분을 이해할 수 있다."42)

그는 계속해서 민족국가의 출현을 다음과 같은 일련의 요소들에서 기인하는 것으로 보았다. 첫째, 봉건적 지역 구분의 장애와 낡은 국가구조의 간섭으로부터 자유로운, 자신의 상품을 위한 시장을 확보하고자 하는 부르주아지의 욕망. 둘째, 현대 국가에서의 행정의 중요성의 증대인데, 이 때문에 언어문제가 전례 없는 중요성을 띠게 된다. "관료주의는 단일한 언어 없이는 기능하기 어려운 구조이다." 셋째, 서로 다른 지역의 사람들 사이의 보다 빈번한 교류를 통해 언어의 통일을 위한 기초를 닦으며, 보다 통일된 언어를 만들어 내는 '사회의 상업화', 즉 "언어의 통일은 교육을 매개로 해서가 아니라 국가 내부의 상품관계의 발전을 통해 이루어졌다."43)

40) 같은 책, p.116.
41) 같은 책, p.35.
42) 같은 책, p.136.
43) K. Kautsky, 'Nationality and internationalism', *Neue Zeit*, 1908, 같은 책, p.136.

마지막으로 언어는 한 국가 안에서 경쟁하는 민족체들이 출현하게 되는 것을 설명해준다. 서로 다른 언어 사용자들에게 민족언어를 배우게 할 만큼 강력한 경제력을 갖지 못한 경우, 언어의 통일을 강제하려는 정부의 시도는 상이한 언어집단 사이의 분열을 증대시킬 뿐이었다. 일부 민족은 자신들의 언어에 부여된 공적 지위로 인해 물질적 이익을 얻었다. 즉 이것은 그들에게 국가관료의 지위로 상승할 수 있는 기회를 부여했다. 그러나 다른 민족들은 그것 때문에 고통을 받았고 공식언어에 반대해 그들 나름의 민족적 일체감에 의지하고자 했다.

> 직장생활 또는 법정에서 지배적 언어들이 사용될 경우 다른 민족의 구성원들은 불이익을 당한다. …… 장인이나 농민의 자녀들이 관료로 상승한다는 것은 공식언어를 사용하지 않는 민족들에게는 대단히 어려운 일이다.[44]

따라서 경쟁하는 민족주의의 출현에 대한 카우츠키의 설명은 바우어보다 훨씬 더 역사적이고 유물론적이었다. 아마도 이 점이 오늘날, 마르크스주의가 '환원론적'이며 '민족성'과 '성(性)'을 고려하지 않는다고 비판하는 사람들로부터 바우어가 찬사를 받는 이유일 것이다.[45] 그러나 카우츠키의 분석에도 해결되지 않는 문제가 있다. 그는 소수 민족집단이 어떻게 새로운 민족주의들에 의존하게 되는지를 통찰했음에도, 자본주의적 경제 발전으로 민족적 투쟁들이 고

44) 같은 책, pp.137~138.
45) 전형적인 예로, E. Nimni, *Marxism and Nationalism*을 보시오.

사(枯死)하게 될 것이라고 파악했다. 그는 자신의 초기 저작에서, 자본주의의 발전으로 체코 민족이 소멸될 것이라고 주장했다. 그리고 이러한 관점을 철회한 이후에도 여전히 자본주의적 교역이 점차 국제화됨에 따라 민족적 갈등이 사라질 것이라고 보았다.

> (사회적) 교류가 경제 발전과 더불어 성장함에 따라 동일한 언어를 사용하고 있는 집단 역시 성장한다. 이것으로부터 통일된 언어가 확대되어 다른 민족들을 잠식하는 경향이 나타난다. 따라서 잠식당한 민족들은 자신의 언어를 상실해 지배민족의 언어나 혼합어를 채택한다……
> 민족들이 국제적 문화공동체로 결합됨에 따라 상인들과 교육받은 사람들 사이에는 보편적 언어가 성장하게 된다……46)

여기에서 중요한 통찰이 엿보이는데, 카우츠키는 이에 근거해 바우어의 주장이 사회주의자들 사이에 민족적 적대감을 조장한다고 비판했다.

> 순수한 민족문화의 성립 가능성이 지금처럼 적은 때는 여태껏 없었다. 따라서 사회주의의 목표가 대중들에게 민족문화를 부여하는 것으로 간주된다거나 혹은 사람들이 늘상 오직 하나의 민족문화에 대해서만 이야기하는 것은, 우리에게 매우 이상하게 느껴진다. ……사회주의 사회가 대중들에게 교육을 제공하게 되면 그 사회는 그들에게 또한 몇 가지 언어와 보편적 언어들을 사용할 수 있는 능력을 부여

46) 로자 룩셈부르크의 *The National Question*, pp.126~127에 인용되어 있는 카우츠키의 'Nationality and internationalism.'

하게 되며, 따라서 단지 특정 언어공동체가 지니는 개별문화뿐 아니라 전세계적 문명에 참여할 수 있는 능력을 부여하게 된다.47)

그러나 이러한 통찰은, 자본주의가 민족적 적대감을 극복할 수 있는 가능성을 창출하는 동시에 민족적 적대감을 고무할 수도 있다는 점을 간과한 것이었다. 따라서 보다 폭넓은 분석이 요구되었다.

47) 같은 책, p.127.

9

룩셈부르크와 레닌

로자 룩셈부르크는 바우어나 카우츠키와는 다른 출발점에서 시작했다. 룩셈부르크가 폴란드에서 혁명당 건설에 매진하고 있던 1890년대의 폴란드 사회주의 운동은, 미래의 폴란드 독재자 필수드스키처럼 민족주의 방향으로 선회하는 사람들과 결연히 국제주의를 견지했던 사람들로 분열되어 있었다. 그러나 그녀가 속해 있던 폴란드 혁명당이 1890년대의 인터내셔널 대회와 1903년 러시아 사회민주노동당 대회에 참석했던 당시에, 대의원의 다수가 폴란드 독립의 권리를 지지했던 사실이 룩셈부르크에게는 폴란드 국내에 있는 자신의 민족주의적 적대자들에게 위안을 주었던 것으로 보였다. 그녀는 1918년에 암살당할 때까지 어떠한 민족자결의 '권리'도 그리고 민족 봉기에 대한 사회주의자들의 어떠한 개입도 강력히 반대했다.

이러한 그녀의 입장은 카우츠키의 생각과 바우어의 생각이 결합되어 있는 것이었다. 그녀는 민족문제의 기원을 곧바로 경제적 문제, 즉 지배계급의 경제적 필요에 위치지웠다. 독일과 이탈리아 같은 나라들에서 민족주의가 성장한 것에 대한 카우츠키의 설명에 대해 해석하면서 룩셈부르크는 대부르주아지의 역할에 강조점을 두었다.[48] 그녀는 국내시장에 대한 대부르주아지의 요구가 민족 운동을 촉진시켰고, 민족 운동에 현실적 성격을 부여한다고 주장했다. 그리고 계속해서 그녀는 이러한 '경제주의적' 분석을 통해 19세기 후반과 20세기 초반의 폴란드 민족주의를 구분했다.

> (19세기 전반기) 폴란드의 민족적 열망의 물질적 토대는 중부유럽에서처럼 근대적 자본주의 발전에 따라 결정되는 것이 아니라 반대로 봉건적인 자연경제에 기초한 사회적 지위를 지닌 귀족의 사상에 의해 결정되었다.
> 폴란드의 민족 운동은 이러한 봉건적 관계들과 더불어 사라졌던 반면에 자본주의 발전의 역사적 대변자인 부르주아지는 우리에게 처음부터 명백히 반(反)민족적 요소였다. 이것은 단지 폴란드 토양에 이식된 외래체인 식민지화의 산물로, 외래적이고 이질적인 19세기 부르주아지의 특수한 기원에서만 기인한 것이 아니다. 폴란드 산업이 처음부터 수출 산업이라는 사실 또한 결정적이었다. …… 러시아에 대한 수출이 …… 폴란드 자본주의의 존재와 발전에 토대가 되었으며 따라서 폴란드 부르주아지의 토대가 되었다. 그 결과 우리 나라의 부르주

48) 1908~9년에 쓰여진 'The National Question and Autonomy', 같은 책, p.159에 나옴.

> 아지는…… 러시아에 대해…… 정치적으로 의존하고 있음을 보여줬다. …… 폴란드 부르주아지의 계급적 지배는 통일된 민족국가의 창출을 요구하지 않을 뿐 아니라 반대로 폴란드의 정복과 분열의 기초 위에서 나타났다. 통일과 민족독립이라는 사상은 자본주의로부터 자신의 활력을 끌어내지 못했다. 반대로 자본주의가 발전함에 따라 이러한 사상은 역사적으로 너무 낡은 것이 되었다. …… 폴란드의 경우엔 민족 관념과 부르주아 발전 사이에 적대가 형성되었는데, 후자는 전자에 공상적일 뿐 아니라 반동적이기도 한 성격을 부여했다.[49]

그녀는 민족국가가 자본주의 발전의 일부이기 때문에, 만일 부르주아지가 민족국가를 원하지 않는다면 그 생각은 파멸적이며 반동적인 것일 수밖에 없다고 생각했다.

룩셈부르크의 주장은 폴란드의 상황으로부터 나온 것이다. 그러나 그녀는 자신의 주장을 더욱 확대했다. 그녀는, 국제적 교역에 대한 자본주의의 필요가 민족국가들의 평화로운 성장을 가져올 것이라고 본 점에서 카우츠키는 틀렸다고 주장했다. 그러한 그녀의 주장은 옳은 것이었다. 대신 그녀는 국가들 사이에 갈등이 증대할 것이며, 이러한 국가들은 갈수록 동질적인 민족 성원으로 이루어지는 국가가 아니라 오히려 전체 인민들의 의지에 반해 강제적으로 병합한 국가가 될 것이라고 주장했다.

> 역사적 발전은……'민족국가'라는 사상을 향한 경향 속에 있는 것이 아니라 오히려 거대한 자본주의 국가들을 창출하려는 경향 속에, 민

---

49) 같은 책, p.177.

> 족들 사이의 사활적인 투쟁 속에 놓여 있다. …… 현대 세계에서 착취의 이해에 가장 훌륭하게 봉사하는 형태는 카우츠키가 생각하는 것과 같은 '민족'국가가 아니라 정복에 열중하는 국가이다. 이러한 점에 비추어 여러 나라들을 비교해 보면 …… 우리는 영국과 독일 국가가 이것에 가장 가까운 모델이라고 볼 수 있다. 왜냐하면, 이 나라들은 유럽 및 세계 전체에서 민족적 억압에 기초해 있기 때문이다. 그리고 미국의 경우도 모델로 삼을 수 있는데, 그것은 미국이 흑인에 대한 억압이라는 깊은 상처를 가슴에 간직한 채 아시아 민족을 정복하려고 노력하고 있기 때문이다.

그녀는 이로 인해 실행가능한 새로운 민족 운동이 출현할 수 있는 가능성이 모두 없어져 버렸다고 결론지었다.

> 자본주의의 진보와 더불어 중요성이 증대하는 우리 시대의 하나의 특징, 즉 세계 열강들의 발전은 처음부터 모든 소수 민족들을 정치적 불구 상태에 빠뜨려 놓았다. ……'민족자결', 약소 민족들의 독립적 존속은 환상이며 앞으로는 더욱 그렇게 될 것이다. …… 몬테네그로, 불가리아, 루마니아, 세르비아, 그리스와 같이 형식적으로만 독립적인 인민들의 '자결'이 무슨 중요한 의미가 있겠는가? 이러한 관점에서 보면 '모든 민족들의 자결의 가능성을 보장한다'는 사상은 거대한 자본주의적 발전으로부터 15세기와 16세기 이전의 소규모 중세 국가로 복귀하는 것과 다를 바 없다.[50]

이 부분에서 드러난 그녀의 주장에 담긴 특징은, 자본주의 사회

---

50) 같은 책, pp.129~131.

의 경제·군사적 경향에 대한 뛰어난 변증법적 설명에서 완전히 기계적인 정치적 결론, 즉 대자본은 민족적 투쟁과 민족적인 봉기들을 원치 않으며 따라서 이런 것들은 하잘것없다는 견해로 옮겨갔다는 점이다.

이것은 그녀의 입장이 민족주의에 대한 단순한 반대론 중의 하나였다는 말이 아니다. 왜냐하면, 그녀는 민족국가의 뿌리에 대한 그녀의 초(超)카우츠키적 분석과 문화적 민족주의에 대한 바우어식의 태도를 결합시켰기 때문이다. 그녀는 주민들을 민족 자치집단으로 분할하고자 하는 오스트리아당의 부르노 강령을 칭송했다. 그녀는 '민족적 정서'를 "심리적 현상의 고도한 형태"라고 언급했고, 사회주의가 "폴란드 민족문화를 구해줄 새로운 전망을 열게 됨"으로써 "폴란드의 민족적 정체성"이 살아남을 것이라고 예견했다.[51] 그녀는 "노동자 계급이 사회의 지적·문화적 유산에 반대하도록 이끄는 야만적 압제에 무관심할 수 없다"는 근거에서 "폴란드에서 민족주의라는 대의는 노동자 계급에게 낯선 것이 아니며, 그럴 수도 없다"고 주장했다.[52] 그녀는 "프롤레타리아트는 문화유산인 민족적 정체성을 방어하기 위해 싸울 수 있고 또한 싸워야 하며, 민족적 정체성은 존재하고 번성할 권리를 가지고 있지만 민족 분리주의로 방어될 수는 없다"고 믿었다.[53]

지금까지 민족문제를 이론적으로 가장 정교하게 이론화한 고전적 마르크스주의자는 레닌이었다.[54] 자본주의가 지속적으로 발전함

51) 같은 책, p.93.
52) 같은 책, p.97.
53) 같은 책, p.96.

에 따라 나타난 새로운 민족주의에 대한 분석은, 레닌에게는 단순히 이론적인 과제 이상의 것이었다. 러시아 제국은 오스트로-헝가리보다도 훨씬 더 복합적인 나라였고, 또 훨씬 더 폭발적인 혼합적 국가였다. 1905년 혁명은 노동자, 농민, 자유주의적 부르주아지의 혁명이었던 만큼 소수 민족들의 혁명이기도 했다. 만일 그의 당이 민족문제를 잘못 다뤘다면 모든 혁명 전략은 엉망이 되었을 것이다. 이 때문에 그는 바우어나 로자 룩셈부르크의 입장과 날카롭게 대립했던 것이다.

민족의 등장에 대한 레닌의 분석은 카우츠키의 유물론적 해석에 기초했다. 1914년 초에 썼던 글에서 레닌은 다음과 같이 주장한다.

> 전세계적으로 봉건주의에 대한 자본주의의 최종적 승리기는 민족적 운동과 관련되어 있었다. 상품생산의 완전한 승리를 위해서는 부르주아지가 국내시장을 장악해야 했고, 단일언어를 사용하는 주민들로 구

---

54) 트로츠키 — 그는 이미 1912~13년의 전쟁 동안에 발칸에 관한 뛰어난 글을 썼다 — 는 다른 많은 문제들처럼 민족문제에 대해서도 1917년 볼셰비키 가입 후 레닌의 유산을 이어받았으며, 민족문제의 일부 측면들을 심화시켰다. 많은 좌파들이 1913년에 쓰여진 스탈린의 '마르크스주의와 민족문제'를 볼셰비키의 정통적인 입장으로 설명해 주고 인용해 왔다. 그런데 이 책의 상당 부분은 민족국가의 기원에 관한 카우츠키의 설명이나 민족자결권에 찬성하고 문화적인 민족자치제에 반대하는 레닌의 주장을 그냥 끌어모은 것에 불과하다. 그러나 그 글은 또한 여러 요인들을 나열함으로써 민족이 무엇이라는 정의를 정교화하고자 시도하고 있다. 이러한 시도가 매우 큰 영향을 끼쳤지만, 실제로 이것은 레닌의 총체적인 접근 방식과 결별하고 카우츠키나 레닌보다는 바우어에 가까운 방식으로 심리적 차원의 '민족적 특성'이라는 요인들에 집중하는 것이었다.

> 성된 정치적으로 통일된 지역이 존재해야 했으며, 이 언어가 발전하고 문헌으로 정착되는 것을 방해하는 모든 장애물은 일소되어야만 했다. 여기에 민족 운동의 경제적 기초가 존재한다. 언어는 인간들의 교류에서 가장 중요한 수단이다. 언어의 통일과 그것의 방해받지 않는 발전은 현대 자본주의에 걸맞는 규모로 진정 자유롭고 확장된 교역, 다양한 계급들로 구성되어 있는 인민들의 자유롭고 광범위한 집단화, 마지막으로 시장과 모든 소유자들, 판매자와 구매자들 사이의 긴밀한 관계를 형성하기 위한 가장 중요한 조건이 된다.
> 따라서 모든 민족 운동은 이러한 현대 자본주의의 요구 조건들을 충족시킬 수 있는 민족국가들의 형성을 추구하는 경향이 있다. …… 따라서 서유럽 전체에서, 아니, 문명화된 전세계에서 민족국가는 자본주의 시기 동안에 전형적이고 일반적이다.55)

자본주의 관계가 국제적으로 확산되는 것은 더욱 많은 민족 운동의 등장을 의미할 것이다.

> 아시아의 많은 지역은 …… 열강의 식민지이거나 아니면 민족으로서 대단히 종속적이고 억압받는 국가이다. 그러나 이 점이 아시아에서 상품생산의 가장 완벽한 발전과 가장 급속한 자본주의 발전의 조건이 일본, 즉 유일하게 독립적인 국가에서 나타났다는 의심할 수 없는 사실을 부정하는가? …… 아시아에서 이제 막 개화하고 있는 자본주의가 이 대륙의 모든 곳에서 민족 운동들을 불러일으키고 있다는 점, 그리고 이러한 운동 경향이 아시아에서 민족국가의 창출로 향하고

55) *Critical Remarks on the National Question and the Right of Nations to Self-determination*(Moscow, 1971)의 pp.40~41에 나오는 레닌의 'The Right of Nations to Self-Determination.'

있다는 점, 그리고 이러한 민족국가야말로 자본주의 발전을 위한 최상의 조건들을 보장해준다는 점은 의심할 수 없는 사실이다.……

민족국가는 자본주의의 법칙이자 규범이다.……민족관계들이라는 점에서 볼 때 자본주의 발전을 위한 최상의 조건은 민족국가에 의해 창출된다. 물론 이것은 부르주아지 관계에 기초해 있는 그러한 민족국가가 민족들에 대한 착취와 억압을 일소할 수 있다는 것을 의미하지는 않는다. 그것은, 민족국가들을 창출하고자 하는 충동을 불러일으키는 것은 바로 강력한 경제적인 요소들이라는 점을 마르크스주의자들이 간과해서는 안 된다는 것을 의미한다.

1916년에 레닌은 자신의 이론을 발전시키면서, 자본주의의 발전과 민족국가의 성장 사이의 연관성을 주장하며 최선진 자본주의 국가들이 일단 자신의 옛 국경선을 넘어서기 시작하면 민족적 요구는 '공상적'이며 '반동적'이 된다는 결론을 이끌어냈던 로자 룩셈부르크와 같은 사람들을 공격했다.[56] 그는 그러한 주장이 정치를 경제의 직접적이며 기계적인 산물로 환원시키는 "제국주의적 경제주의"로 빠져들게 된다고 언급했다. 레닌에 따르면 경제주의란 "자본주의는 승리할 수밖에 없다. 그러므로 정치적 문제는 시간 낭비"에 지나지 않다는 주장이다. 새로운 이론인 제국주의적 경제주의는 "제국주의는 승리할 수밖에 없다. 그러므로 정치적 문제들은 시간 낭비"에 지나지 않다는 주장이다. 레닌은 "그런 비정치적인 이론은 마르크스주의에 대단히 유해하다"고 말했다.

더욱이 그는 민족적 자본주의 발전의 지지자들이 자본가들이어

56) 그렇지만 그의 반론의 대부분은 룩셈부르크가 아니라 라데크를 겨냥한 것이었다.

야만 한다는 카우츠키식의 낡은 관점을 더 이상 견지하지 않았다. 그는 1916년 아일랜드 봉기가 "도시 쁘띠부르주아지와 일부 노동자들에 의해 수행된 가두투쟁"을 포함하고 있다고 언급하며 다음과 같은 결론을 내렸다.

> 식민지와 유럽에서 소수 민족의 폭동 없이, 수많은 편견을 가지고 있는 쁘띠부르주아지의 혁명적 분출 없이, 지주와 교회 그리고 군주의 억압에 대항한, 정치적으로 무의식적인 프롤레타리아 및 반프롤레타리아 대중들의 민족적 억압에 대항한 운동 없이 사회 혁명이 가능하리라고 생각하는 것은 결과적으로 사회 혁명을 거부하는 것이다.

그는 자신의 분석에서 매우 실천적인 결론을 도출했다. 그는 로자 룩셈부르크나 그녀와 비슷한 생각을 가진 칼 라데크 및 니콜라이 부하린에 반대하면서 민족자결권의 슬로건을 옹호했다. 그리고 '문화적 민족자치주의'라는 바우어적 강령도 거부했다.

그가 민족자결권을 방어한 데에는 두 가지 요인이 있었다. 첫째는 억압국가를 운용하는 자들과 동일한 민족에 속한 노동자들의 정치의식에 관련된 것이다.

> 만일 우리의 정치선동에서 우리가 분리권을 주장할 수 없다면, 우리는 부르주아지뿐 아니라 봉건 지주 및 억압민족의 절대주의 수중에서 놀아날 것이다.…… 로자 룩셈부르크가 폴란드 민족 부르주아지를 '돕지' 않기 위해 러시아의 마르크스주의자 강령에서 분리권을 거부한 것은 사실 대러시아 흑색단(Black Hundreds)을 돕게 되는 결과를 초래한다. 그녀는 사실상 대러시아인들의 특권층을 기회주의적으로

> 용납한 것이다. …… 대러시아 인민의 자유를 위해서는 그러한 억압에 반대하는 오랜 투쟁이 요구된다. …… 여러 세기에 걸친 피억압민족의 운동에 대한 탄압의 역사와 그런 탄압을 위한 상층 계급의 편견에 가득찬 체계적인 선전은 대러시아 인민들 자신의 자유라는 대의에 커다란 장애물을 만들어 놓았다. …… 대러시아 프롤레타리아는 이러한 편견들에 대해 체계적으로 반대하지 않고서는 그들 자신의 목표를 성취하지도, 자유를 향한 길로 나아가지도 못할 것이다……
> 러시아에서 독립된 민족국가의 창출은 당분간 대러시아 민족만의 특권으로 남아 있다. 어떠한 특권도 옹호하지 않는 우리 대러시아 프롤레타리아트는 이 특권 역시 옹호하지 않는다.57)

이러한 입장이 민족문제에 대한 노선에서 노동자 운동의 분열을 초래한다는 주장에 맞서 레닌은 오히려 그 반대라고 주장했다. 피억압민족의 노동자들이 억압민족의 인민들 가운데서 그들의 민족평등권을 옹호해주는 자가 아무도 없다는 것을 깨닫게 되면, 그들은 그들 민족의 부르주아지와 쁘띠부르주아지의 데마고기에 빠져들게 될 것이다. 그러나 만일 그들이 억압민족의 노동자당이 민족자결권을 확고하게 지지하는 것을 깨닫게 되면 그들은 이 노동자당이 자신들의 이익을 지지한다는 것을 알고서 자기 민족의 부르주아지와 쁘띠부르주아지에게 등을 돌리게 될 것이다. 레닌은 자신의 주장을 뒷받침하기 위해 1905년 스웨덴으로부터 분리한 노르웨이를 예로 들었다. 로자 룩셈부르크는 분리는 반동적이며 단지 한 군주를 다른 군주로 교체하는 것에 불과하다고 주장했다. 레닌은 그 결과가

---

57) V. I. Lenin, 'On the Right of Nations to Self-Determination', 앞의 책, pp.56~57.

노동자들에게 결코 커다란 전진이 아니라는 점을 인정했다. 그러나 그는 노르웨이의 분리권을 지지했던 스웨덴 사회주의자들의 태도로 볼 때 그것이 일보후퇴가 아님도 확실하다고 주장했다.

> 노르웨이와 스웨덴 노동자들 사이의 긴밀한 단결, 그들의 철저하고 우애로운 계급적 단결은 스웨덴 노동자들이 노르웨이인들의 분리권을 인정하는 것에서 얻어진다. 이것은 스웨덴 노동자들이 스웨덴 민족주의에 결코 감염되어 있지 않으며, 노르웨이 노동자들에 대한 형제애를 스웨덴 부르주아지나 귀족의 특권보다 위에 위치시킨다는 점을 노르웨이 노동자들에게 확신시켰다.[58]

억압국가의 사회주의자들은 민족자결권을 지지함으로써 자국의 노동자 계급과 억압받는 나라의 노동자 계급 모두에게 국제주의를 고무했다. "사실 모든 민족의 자결권을 인정한다는 것은 최대의 민주주의와 최소의 민족주의를 의미한다."[59]

따라서 레닌이 민족자결권을 주장했던 첫 번째 이유는 억압국가의 노동자 계급이 가지고 있는 반동적 관념에 반대하는 투쟁의 원칙과 관련되어 있다. 물론 그가 예외적 상황을 배제했던 것은 아니다. 그는 이 슬로건이 잘못 이용될 수 있는 상황이 있다는 것을 인정했다(마르크스가 1848년에 체코와 남슬라브인들이 그것을 잘못 사용했다고 주장했던 것처럼).

---

58) 같은 책, p.70.
59) 같은 책, p.77.

> 이러한 (민주주의적) 요구들 중의 하나가 특정 상황에서 노동자들을 기만하기 위해 부르주아지의 도구로서 이용될 수 없거나 이용되지 않았다는 말은 아니다. …… 실제로 프롤레타리아는 그들의 모든 민주주의적 요구들을 위한 투쟁을 오직 부르주아지 타도를 위한 혁명적 투쟁에 종속시킴으로서 그들의 독립성을 유지할 수 있다. …… 한편 마르크스는 …… 국제주의와 사회주의의 근본적 원칙 — 다른 민족을 억압하는 어떠한 민족도 자유로울 수 없다 — 을 전면에 내세웠다.

따라서 레닌의 첫 번째 주장은, 비록 완전히 무조건적이라 할 수는 없지만, 일반성을 지닌다. 그러나 그는 첫 번째 주장을 특정의 구체적 상황 아래에서 피억압민족의 자결권을 위한 투쟁이 갖는 영향에 관한 두 번째의 주장과 결합시켰다. 이것은 원칙이라기보다는 혁명 전략과 전술에 관한 주장이었다.

자결권에 대한 지지란, 특정 민족이 다른 민족국가로부터 분리하는 데 반드시 찬성해야 한다는 뜻은 아니었다. 억압국가의 사회주의자들은 반동적 이데올로기에 반대해 싸우는 한 방법으로서 분리권을 지지하며 투쟁할 수 있는 반면, 피억압국가의 사회주의자들은 노동자들이 실제로 분리하는 것에 반대할 것을 주장할 수도 있다. 이것은 마치 같이 살기를 자유롭게 결정해 결혼하게 된 부부에게 이혼의 권리가 열려 있는 것과 같다.

> (민족자결권을 위한) 이 요구는 분리나 분열 또는 소규모 국가의 수립과 동등한 요구는 아니다. …… 민주적 국가 체제가 완전한 분리의 자유에 근접해 있으면 있을수록 분리의 요구는 실제로는 훨씬 더 드물어질 것이며, 또 훨씬 덜 절실해질 것이다. ……[60]

그러나 피억압민족의 민족 운동이 부르주아지와 쁘띠부르주아지의 지도력 아래에 있다 할지라도 국제 노동자 계급투쟁에 도움이 되는 상황이 있었다. 왜냐하면 이 운동은 지배국가들과 그 국가의 지배계급들을 약화시키기 때문이었다. 레닌은 1916년의 아일랜드 봉기나, 세계대전의 충격으로 인해 짜르 정권 및 서구 제국주의에 의해 억압받는 민족들 중에서 일어날 봉기들이 바로 그러한 경우라고 믿었다. 억압국가의 사회주의자들은 그런 상황이 발생할 경우에 민족자결권을 지지해야 할 뿐 아니라 피억압국가의 사회주의자들 역시 분리를 위한 투쟁의 일부가 되어야 하는 것은 바로 이런 이유 때문이었다. "만일 사회주의에 대한 배신을 원치 않는다면, 우리는 반동계급의 폭동이 아닌 한 우리들의 주된 적인 거대 국가들의 부르주아지에 반대하는 모든 폭동을 지지해야만 한다."[61]

그러나 사회주의자들이 민족주의적 선동에 대해 반대해야 했던 상황도 있었다. 제1차세계대전이라는 구체적 상황에서 일어난 폴란드 민족 운동이 그 경우인데, 당시 그들은 영국, 프랑스, 짜르 제국주의에 대항해 독일 제국주의와 결합했다.

> 모든 민족 운동의 초기에 자연스럽게 지도력을 갖게 되는 부르주아지는 일체의 민족적 열망을 지지하는 것이 실질적이라고 말한다. 그러나 민족문제에서 (다른 모든 문제에서도 마찬가지지만) 프롤레타리아트의 정책은 오직 특정한 방향에서만 부르주아지를 지지할 뿐, 결

---

60) 같은 책, p.101.
61) V. I. Lenin, 같은 책, p.124의 *Critical Remarks*에 요약되어 있는 자결권에 관한 토론.

코 부르주아지의 정책과 일치하지 않는다.……
모든 민족의 경우에서 분리의 문제에 대해 '예'/'아니오' 식의 대답을 요구하는 것이 매우 '실질적'인 것처럼 보일 수도 있다. 그러나 실제로 그것은 불합리한 것이다.…… 실천적으로 그것은 프롤레타리아트를 부르주아지의 정책에 종속시키는 결과를 초래한다.
프롤레타리아트는…… 어떠한 민족적 요구나, 민족적 분리에 대해서도 노동자들의 계급투쟁이라는 시각에서 평가해야 한다.[62]
피억압민족들의 부르주아적 해방 운동과 억압민족의 프롤레타리아적 해방 운동 사이의 가능한 모든 관계들을 사전에 평가한다는 것은 불가능하다.[63]

이러한 논점은, 민족문제에 대한 레닌 입장의 또 다른 중요한 특징—민족자결권을 옹호하는 데에 그를 길게 인용하는 민족 운동의 지지자들이 종종 망각하는—으로 이어진다. 레닌은 오토 바우어의 '문화적 민족자치주의' 계획에 대해서도 비판하는데—로자 룩셈부르크가 이것에 대해 호의적인 한, 그녀도 마찬가지다—그것은 부르주아 민족주의에 양보하는 것을 의미하기 때문이었다.

그의 주장은 1903년 러시아 사회민주노동당 2차 대회(실질적으로는 창립 대회)에서 제시되었는데 그것은 러시아 사회주의 운동에서는 처음이었다. 당시에 사회주의 운동은 여타의 노동자대중 사이에서보다도 러시아 제국 서부의 유태인 노동자 지구에서 훨씬 더 발전하고 있었다. 유태인 노동자들의 조직에 참여했던 사람들 가운데 일부는 배타적인 유태인 사회주의 당인 분트를 창설했다. 분트

62) 같은 책, p.83.
63) 같은 책, p.83.

는, 유태인 노동자들은 그들 자신의 분리된 조직을 갖고 분리된 유태인 학교와 문화조직에 관한 선동에 집중해야 한다고 주장했다. 그들의 주장을 거부한 것은 레닌이나 플레하노프 같은 러시아 민족 출신의 마르크스주의자들이 아니라 마르토프와 트로츠키 같은 유명한 유태인 마르크스주의자들이었다. 마르토프는 분트의 요구를 수용하게 되면 모든 작업장 및 지역의 사회주의적 조직이 취약해질 것이라고 주장했다.

> 우리는 프롤레타리아 가운데 특정 집단이나 직종, 또는 민족적 이익을 대변하는 어떤 분파도 당 내에 허용할 수 없다. 민족적 차이들은 공통의 계급적 이해와 관련해 종속적 위치를 차지할 뿐이다. 예를 들어, 하나의 같은 작업장 내에서 여러 민족의 노동자들이 그들만의 이익을 대변하는 것을 최우선으로 생각한다면 우리는 어떤 종류의 조직을 가지게 될 것인가?64)

레닌은 이러한 주장을 확장해 자신들의 언어나 문화에 기초하고 있는 집단에 대한 모든 차별적 요소들에 반대하는 투쟁과, 특정의 민족문화를 고무하는 것을 예리하게 구별지으며 모든 바우어적인 접근 방식에 도전했다.

특정의 민족문화를 지닌 사람들에 대한 억압이나 차별에 반대한다는 것은, 사회주의자들은 모든 민족집단의 어린이들이 각각 자신들의 언어로 교육받아야 하며, 법정이나 다른 재판에서도 자신들의 언어로 진술을 들을 수 있도록 하기 위해 투쟁해야 하며, 마찬가지

---

64) *Minutes of the Second Congress of the RSDLP*(London, 1978), p.81.

로 지배적인 언어를 여타의 사람들이 경의를 표해야 하는 '공식언어'가 되어야 한다는 생각을 거부함을 뜻한다. "민족이나 언어의 평등을 인식하지 못하거나 옹호하지 않는 사람, 그리고 모든 민족적 억압이나 불평등에 반대해 투쟁하지 않는 사람은 마르크스주의자가 아니다. 그는 심지어 민주주의자도 아니다."65)

이것은, 사회주의자들은 평등을 보증할 수 있는 것이라면 어떤 조치에 대해서도 찬성해야 함을 의미한다. 사회주의자들은 "국가의 비용으로 히브리어나 유태 역사를 가르치는 특별 교사를 고용하고, 유태인이나 아르메니아인 또는 루마니아인 어린이를 위해, 심지어 (상트 페테르스부르크의 한 지역에 있는) 단 한 명의 그루지아인 어린이를 위한 강의를 위해서라도 국가 소유의 토지를 제공해야 한다."66)

동시에 사회주의자들은 어떠한 민족문화와도, 심지어 그것이 피억압민족의 것이라 하더라도 그것과 일체감을 가져서는 안 된다.

> 특정 민족이나 언어에 주어지는 봉건적 멍에, 모든 민족적 억압과 모든 특권들을 벗어던지는 것은 민주주의 세력으로서 프롤레타리아의 필수적 의무이며, 그것은 또한 민족문제에 관한 논쟁으로 모호해지고 지체된 프롤레타리아 투쟁에 이익이 되는 것이다. 그러나 부르주아 민족주의를 도울 때, 이렇게 엄격히 제한되고 분명한 역사적 한계를 넘어서게 되면 프롤레타리아를 배반하고 부르주아지를 편드는 것을 의미하게 된다. 바로 여기에 분트주의자들과 우크라이나 민족적-사회

65) V. I. Lenin, 'Critical Remarks on the National Question', 앞의 책, p.16.
66) 같은 책, p.31.

주의자들이 종종 완전히 망각하곤 하는 경계선이 있다.

모든 민족적 억압과 싸울 것인가? 물론, 그렇다! 모든 종류의 민족적 발전을 위해, '민족문화' 일반을 위해 싸울 것인가? 물론, 아니다!

일반적으로 민족국가의 발전은 부르주아 민족주의의 근본 원칙이다. 여기서 부르주아 민족주의의 배타성과 끊임없는 민족적 분쟁이 나온다. 반대로 프롤레타리아는 모든 민족의 민족적 발전을 지지하지 않으며, 대중에게 그런 환상에 반대해 경고하면서, 무력이나 특권에 기초하고 있는 경우를 제외하고는 자본주의적 교역관계의 완전한 발전을 지지하고 모든 종류의 민족 동화(同化)를 환영한다.[67]

모든 근대 민족에는 두 종류의 민족이 있다. 우리는 이 점을 모든 민족주의적 사회주의자들에게 말한다. 모든 민족문화에는 두 종류의 민족문화가 있다.……

만일 우크라이나 마르크스주의자들이 대러시아 억압자들에 대해 가지고 있는 아주 정당하고도 자연스러운 증오로 인해 대러시아 노동자들의 프롤레타리아적 대의에까지 …… 증오를 나타낼 정도로 동요한다면, 그러한 마르크스주의자들은 부르주아 민족주의로 빠져들게 될 것이다.

대러시아와 우크라이나 노동자들은 선전을 하는 데 쓰이는 언어의 문제에서 절대적인 관용을 보이면서, 하나의 공통적이고 국제주의적인 프롤레타리아 운동의 문화를 향해 …… 함께 일해야 한다. …… 어떤 민족의 노동자들이 다른 민족의 노동자들과 분리되어야 한다는 주장, 마르크스주의적 '동화(同化)'에 대한 모든 공격, 또는 하나의 민족문화를 또 하나의 이른바 완전한 민족문화로 대치시키자는 데 프롤레타리아가 관심을 가지도록 하려는 시도는 부르주아 민족주의이며, 그것에 대해 가차없는 투쟁을 수행하는 것이 필요하다.[68]

---

67) 같은 책, pp.22~23.

> 노동자 계급 민주주의의 슬로건은 '민족문화'가 아니라 민주주의와 세계 노동자 계급 운동의 국제주의적 문화이다.[69]
> 민주주의와 사회주의적 문화의 요소들은 비록 초보적 형태를 띠고 있기는 하지만, 모든 민족문화 안에 존재하고 있다. 왜냐하면 모든 민족에는 그들의 생활 조건 때문에 필연적으로 민주주의와 사회주의 이데올로기를 갖게 되는 근로대중이 존재하기 때문이다. 그러나 모든 민족은 또한 단순한 '요소들'이라는 형태가 아니라, 지배적인 문화의 형태로 부르주아 문화(그리고 대부분의 민족은 또한 반동적이고 교권적 문화도 가지고 있다)를 가지고 있다.
> '민주주의와 세계 노동자 계급 운동의 국제주의적 문화'라는 슬로건을 발전시킬 때, 우리는 각각의 민족문화에서 오직 민주적이며 사회주의적인 요소들만을 취해야 하며, 각 민족의 부르주아 문화와 부르주아 민족주의에 대해서는 단호히 반대해야 한다.[70]

레닌은, 억압국가의 사회주의자들은 '동화(同化)'의 문제를 바라볼 때, 대단히 주의해야 한다고 지적했다.

> 만일 강대하고 억압적이며 합병을 일삼는 민족에 속하는 사회민주주의자가 민족들의 융합을 주장하면서, 단 한 순간이라도 '자신의' 니콜라이 2세, '자신의' 빌헬름, '자신의' 조오지 국왕 등이 병합을 통한 융합을 대변하고 있다는 것을 망각한다면, 그런 사회민주주의자는 이론적으로는 우스꽝스러운 공론가이자 실제적으로는 제국주의의 협조자일 것이다……

---

68) 같은 책, p.21.
69) 같은 책, p.10.
70) 같은 책, p.13.

> 노동자들에게 민족적 차이들에 대해 '무관심'하도록 가르치는 것은 우리의 임무이다. …… 그러나 그것은 병합론자들에 대한 무관심이어서는 안 된다.71)

바로 이 점을 강조하기 위해 레닌은 민족자결권과 분리권을 끈덕지게 옹호했던 것이다. 그러나 그는 동시에 이렇게 주장했다. "작은 민족 소속의 사회민주주의자들은 선동할 때 …… 민족들의 '자발적인 통합'을 강조해야 한다. 그렇다면 그는 국제주의자로서의 자신의 임무를 방기하지 않으면서도, 자기 민족의 정치적 독립과 이웃한 여러 국가들과의 통합 모두에 찬성할 수 있을 것이다. 그러나 그는 어떤 경우에라도 소국의 편협성, 쇄국, 고립에 대해서는 투쟁해야만 한다."72)

이러한 생각 때문에 레닌은 '문화적 민족자치주의'라는 말에 격렬히 반대했다. 그는 각 민족들을 위한 분리된 학교제도는 노동자들을 분열시킬 것이라고 주장했다.

> 우리는 합병 주식회사들의 이사회에서 서로 다른 민족의 자본가들이 완벽한 조화를 이루며 함께 앉아 있는 것을 발견한다. 공장에서는 서로 다른 민족의 노동자들이 나란히 앉아 작업을 한다. 심각하고 중대한 정치적 문제에서, 당파는 민족이 아니라 계급에 따라 나누어진다. 학교 교육이나 그와 유사한 것들에서 국가 통제를 없애고 그 대신 민족들의 통제 하에 두는 것은 결과적으로, 여러 민족들을 통합하고 있는 경제를 사회생활에서 최고도로 이데올로기적인 영역과 분리시

---

71) 같은 책, p.137.
72) 같은 책, p.138.

키게 되는 시도이다. 이 영역 안에서 '순수한' 민족문화나 민족주의적 교권주의나 쇼비니즘이 가장 자유롭게 배양된다.[73)]

73) 같은 책, p.24.

10

제1차세계대전 이후의 민족주의

로자 룩셈부르크와 다른 사람들에 반대해, 자본주의의 발전이 새로운 민족주의들을 융성시킬 것이라는 레닌의 주장이 옳았음은 의심할 여지가 없다.

민족주의 운동들은 결코 '공상적'이지 않았으며, 모든 거대 제국들을 해체하는 데 기여했다. 1905년의 선구적 혁명과 마찬가지로, 1917년의 러시아 혁명은, 운동 중심부에 있던 노동자와 농민에 의해서 뿐 아니라 주변부에 있던 민족주의 운동들에 의해 권력을 장악할 수 있었다. 1918년 10월에 오스트로-헝가리 제국의 전쟁 노력이 실패함에 따라 헝가리와 오스트리아가 분리되었고 뒤이어 체코와 트랜실바니아의 루마니아, 크로아티아, 슬로베니아 등이 급속하게 분리되었다. 심지어 승리한 영국 제국주의마저, 전 국토의 4분의 3에서 독립을 획득하는 데 성공한 아일랜드의 봉기, 인도 최초의 대중시위와 중국 최초의 혁명적 봉기 등으로 인해 동요했다. 그리고 제2차세계대전의 결과로 유럽 식민제국이 약화됨에 따라 인도, 파키스탄, 버마, 스리랑카, 인도네시아가 독립했고, 이어 유혈전을 통해 북베트남, 라오스, 캄보디아가, 그 다음에는 가나, 나이제리아, 말레이시아, 케냐, 우간다, 모로코, 튜니지아, 프랑스 지배 하의 아프리카 대부분, 콩고, 잠비아, 말라위가 독립했다. 후에 다시 유혈적인 전쟁을 통해 알제리, 예멘, 베트남의 나머지 지역, 앙골라, 모잠비크, 기니 그리고 최종적으로 짐바브웨가 독립했다. 이렇게 되자 사실상 세계의 모든 사람들은 자신을 194개의 민족국가[74] 가운데 어느 한 국가의 시민으로 규정할 수 있게 되었다. 단지 소련만이 거대한 다민족 제국으로 남아 있었을 뿐이다. 시장, 상품생산, 자본축적이 전세계를 정복했듯이, 조직된 정치권력의 전형으로서 민족국가가 전세계를 지배했다.

새로운 민족국가의 형성이 항상 구제국들을 혼란에 빠뜨린 것은 아니었다. 커다란 국내적 위기에 빠져들지 않고서도 영국은 마침내 인도를 포기했고, 네덜란드는 인도네시아를, 벨기에는 콩고를 포기했다. 그러나 때때로 이와 반대의 경우도 있었는데, 인도차이나와 알제리 전쟁으로 프랑스가 동요했고, 베트남 전쟁은 미국을 깊숙한 정치적 위기로 몰아넣었으며, 앙골라, 모잠비크, 기니에서의 전쟁으로 포르투갈에서는 정치 혁명이 일어났다. 이 점에 있어서도 역시

74) M. Kidron과 R. Segal이 함께 쓴 *The New State of the World Atlas*(London, 1984)에 나오는 1984년 당시의 수치임.

레닌이 옳았음이 입증되었다.

사실 이런 결과는 종종 레닌이 생각했던 것 이상으로 나아갔다. 민족국가라는 사상이 세계 체제에서 지배적 이데올로기의 일부가 되자, 그것은 몇 가지 중요한 측면에서 레닌이 생각한 바와는 다른 운동들에 의해서도 채택되었다.

구식민제국들에 대항했던 운동들은 항상 제국주의에 의해 만들어진 행정적 구분에 기초했다. 이런 행정적 구분들은 상이한 언어나 문화적 전통을 가지고 있던 집단들 사이에 존재하던 이전의 경계선들을 무시한 것이었다. 이러한 임의적인 행정 구분으로 인해 유사한 것들은 분리되고 상이한 요소들이 통합되었다. 그러나 식민제국들로부터 권력을 인수한 새로운 지배계급들은 이러한 임의적인 행정 구분 안에서, 나라 전체의 공용어나 때로는 통일된 시장조차 없이 새로운 민족국가를—인도, 파키스탄, 버마, 실론, 인도네시아, 말레이시아, 필리핀, 아프리카의 흑인지역—창출하려고 했다.

이에 따라 특정한 거주지역이나 독자적인 공용어를 가지고 있지 못한 소수 집단들조차도 스스로를 민족으로 파악하고 자신들에 대한 억압에 반발하는 경우들이 나타났다. 이런 경우는 1930년대 유럽의 유태인 소수 집단과 1970년대 초반의 많은 미국의 흑인들에게서 볼 수 있다.

마지막으로, 바로 민족적 위상이라는 개념이 독립한 신생 민족국가 체제의 주된 이데올로기였기 때문에, 인민들은 현존 민족국가에 정치·경제적 위기가 발생할 경우 이전의 것과는 다른 기준에 근거해 새로운 민족국가를 창출함으로서 탈출구를 찾으려 했다. 예컨대, 1960년대 후반에 이보(Ibo)어를 사용하는 비아프라 민족은 나

이제리아로부터 독립하고자 했으며, 프랑코 총통 사후의 스페인에서는 카탈로니아인들과 바스크인들이, 인도의 펀잡 지방에서는 시크교에 근거하고 있던 아칼리 주(州)가, 유고슬라비아에서는 서로 같은 언어를 사용하고 있지만 다른 종교를 가지고 있는 세르비아와 크로아티아가 독립하려는 시도를 했다.

각각의 경우에서, 민족주의적 계획을 설교했던 자들은 계급정치에 의지하고 있던 사람들보다 훨씬 덜 '공상적'이며 훨씬 더 '실제적'인 것처럼 보였다. 결국 민족주의자들은 자본주의와 함께 세계를 지배하게 된 민족적 위상이라는 이데올로기를 가지고 헤쳐 나가고 있는 것이다.

11

민족체와 오늘날의 문화

민족국가가 융성함에 따라 모든 곳에서 문화의 차이점에 대한 강조가 뒤를 이었다. 서방의 선진국에서는 생물학적 인종차별주의 이데올로기가 20세기 마지막 4반세기 동안에 문화적 인종차별주의에 어느 정도 자리를 내주게 되었다. 문화적 인종차별주의는 비(非)백인의 생물학적 열등성에 대해 언급하지는 않지만, '문화적 후진성'이나 최소한 비영국인, 비프랑스인, 비독일인 — 더 일반적으로 비유럽인 또는 비서구인 — 등의 배경을 가지고 있는 사람들의 '문화적 차이'에 대해 언급한다.

지난 1978년 선거 직전에 마가렛 대처가 영국 민족이 "다른 문화를 가진 민족에 의해 침몰"되고 있다고 주장하며 인종차별적 카드를 사용했던 것이 바로 이런 예이다.

이런 주장은 좀 완화된 형태로 이어져, "모든 사람은 그들 나름의 문화를 가지고 있고, 따라서 우리는 당연히 우리 문화에 일체감을 가지며, 다른 집단은 자신의 문화에 일체감을 갖는다"고 주장된다. 이런 사고는 점차로 영국에서 국가교육 과정의 내용을 '영국사', '영문학', '기독교'로 채우는 우익 이데올로그의 기초가 된다. 흥미롭게도 이들 이데올로그는 복음주의의 기독교인과 이슬람 근본주의자들 모두가 자신들의 학교를 설립할 권리가 있음을 강력히 주장한다.[75]

좌익으로 간주되던 사람들 중 일부도 이런 견해를 받아들였다. 그리고 많은 자유주의적 지식인들은, 사람들은 자신들이 가지고 있는 문화의 가치를 존중해야 하며, 심지어 문화가 사생아화(私生兒化) 한다며 우려를 표명하기도 했다.[76] 그리고 다양한 형태의 문화지상주의로 위장하고 있는 인종차별주의에 대해 반대 의사를 표하는 사람들 중 역시 다수가 문화적 분리주의를 주장하며 별다르지 않은 모습을 보여주고 있다. 그들은 자신들의 조상이 아일랜드인, 유태인, 미국인, 아시아인, 아랍인, 이슬람교도, 아프리카인이기 때문에 자신들의 '토착 문화'의 순수성과 독립성을 유지하기 위해 투쟁해야 한다고 서슴없이 주장하고 있다. 그들은 '문화의 말살과 문

---

75) *Independent on Sunday*, 1992년 8월 2일자, p.5를 보시오.
76) 이전에 *Marxism Today*의 지도적 인물이었던 스튜어트 홀(Stuart Hall)과 새로운 프랑스 철학자인 샐만 루시디(Salman Rushdie) 사이의 — 최근 영국에서 방영된 — 토론에서, 루시디만이 문화적 융합에 어떤 장점이 있을 수 있음을 이해하고 있는 것으로 보였다.

화적 제국주의'에 대항한 투쟁을 언급하며 자신들의 주장을 정당화한다.

그러나 문화의 분리에 대해 서로 다른 강조점을 가지고 있음에도 불구하고—보수 우파건, 자신을 인종차별주의나 제국주의에 반대하는 좌파라고 여기는 자들이건 간에—이들의 주장은 동일한 오류를 가지고 있다. 즉 그들은 민족국가 및 민족주의의 번성은 문화들의 점차적인 다양화 때문이라고 가정한다. 그러나 사실 현대 세계는 문화들의 통합, 동질적인 세계문화로의 경향이 특징이다. 이 경향은 마르크스와 엥겔스가 "개별 민족들의 지적 창조물은 공동의 재산이 되고, 민족적 일방성과 편협한 정신은 더욱더 불가능해지며, 많은 민족적 문학과 지역적 문학으로부터 세계문학이 생성된다"77)는 점을 언급했을 때보다도, 또는 90여 년 전에 카우츠키와 레닌이 문화들의 융합에 대해 썼을 때보다도 훨씬 더 명확하게 나타난다.

'문화'라는 말은 광의와 협의의 두 의미를 가지고 있다. 광의의 문화는 인민의 사회적 실천의 총체, 즉 생활수단을 얻는 방식, 종교적 행위, 양성(兩性)의 관계, 도덕적 태도, 시간에 대한 감각, 노인과 어린이에 대한 대우, 요리, 이런 모든 것을 결집시키는 언어 등을 포함한다. 협의의 의미로 문화는 예술, 음악, 문학 등을 말한다.

두 의미는 연관되어 있다. 왜냐하면, 협의의 예술적 의미의 문화는 넓은 의미의 문화, 즉 생활 방식의 표현이기 때문이다. 예술은 보다 넓은 문화의 토양에서 성장하며, 그 속에 있는 특정 요소들을 매혹적이거나 즐거움을 주는 형식이든지 아니면 공포나 놀라움을

77) Marx · Engels, *The Manifesto of the Communist Party*, 마르크스 · 엥겔스 · 레닌의 *The Essential Left*(London, 1960), p.18.

줄 수 있는 형식을 통해 보여준다. 사람들이 특정의 예술작품을 좋아한다고 할 때, 그것은 그들이 그 작품 속에서 자신들의 생활과 어려움이 다양한 방식으로 표현되고 있음을 발견하기 때문이다.

바로 이것 때문에 협의의 '문화'는 특정 사회 출신의 사람들에게 정체성을 제공하고, 사회적 위기의 순간에 그들이 매달릴 수 있는 무엇을 제공할 수 있다. 온갖 보수주의자들이 '전통적' 민족문화를 찬양하는 것도 같은 이유이다. 그들은 구사회에 대한 모든 도전에 맞서기 위해 과거의 생활 방식의 고수를 호소하고자 노력한다. 또한 자신들의 헤게모니 아래에서 새로운 민족(국가)을 수립하고자 하는 사람들이 근본적으로 다른 대항 전통을 추구하는 것도 바로 이런 이유 때문이다.

그러나 협의의 문화는, 계급사회에서는 인민들의 폭넓은 생활 방식의 부분적 표현에 지나지 않는다. 왜냐하면 계급사회에는 하나의 생활 방식만이 존재하는 것이 아니라 계급에 따라 다양한 생활 방식이 존재하기 때문이다. 그리고 예술과 문학은 예술작품을 유지하기 위한 재원과 여가가 있는 계급들—특권적 착취계급들—만의 생활 방식을 표현하는 경향이 있다. 피억압자와 피착취자들이 경험한 바들을 포함해 전체적 사회 경험들을 반영하고자 했던 예술의 거장들이 있었지만, 그들 역시 생존을 위해 억압자와 착취자들의 관점에서 자신의 작업을 했을 뿐이다. 비록 그들이 지배계급 출신이 아니었다고 해도 말이다.

우리가 영국의 예술, 러시아나 중국의 예술에 관해 이야기할 때, 우리는 그 사회의 지배자들의 예술에 대해 이야기하는 것이다. 그리고 예술이 피착취계급들에 대해 무엇인가를 말하고 있을 수도 있겠지만, 그런 경우에도 그 방식은 아주 간접적이고 모호할 뿐이다. 이것은 아즈텍 예술 또는 식민지 시대 이전의 아프리카 예술에 대해 언급할 때도 마찬가지다. 왜냐하면, 계급의 분화가 시작되고 나서야 예술생산에서도 전문화가 일정 규모로 가능했기 때문이다.

게다가 사회가 변함에 따라 문화도 변한다. 따라서 문화를 고정되어 불변하는 것으로 여기는 것은 실제로 허구이며, 그것은 사람들을 특정의 허용된 행동 양태에 묶어두기 위해 사용되는 이데올로기적 장치이다. 이 점은 특히 자본주의의 발전에 의해 완전히 변화된 현대 세계에서도 마찬가지다. 지구상의 모든 곳에서 사람들의 삶은, 그들이 시장관계에 종속되고 상대적으로 고립된 농촌생활에서 벗어나 중심지의 많은 주민들과 접촉하게 됨에 따라 변해 왔다.

사람들이 어떤 종류이든 '전통 문화'에 대해 말하려고 할 때, 그것은 자신의 생활 현실과는 더 이상 맞지 않는 무엇으로 되돌아가고 있는 것이다. 우리들로 하여금 전통적 '영국 문화'—대부분의 영국 문화는 역사적으로 압도적인 농업사회에 살고 있던 유한계급에 의해, 그리고 그들을 위해 창조된 것이다—속에 살도록 강요하는 시도들이 바로 이에 해당된다. 또한 이런 문화적 반동에 대한 정당한 반감에서 비롯되었다 할지라도, 우리들로 하여금 '켈트 문화', '인도 문화', '아프리카 문화', '이슬람 문화' 등으로 향하게끔 하려는 사람들이 있다면 그들도 역시 우리들을 과거로 되돌리게 된다는 점에서는 마찬가지다.

사실상, 세계의 모든 지역을 지배하고 있는 문화의 유형들은, 보수주의자들이 그것들의 고대적 계보에 대해 이러쿵저러쿵 아무리 많은 주장을 한다 할지라도, 다름 아닌 근대 역사의 산물이다. 예를 들어, 켈트 문학이 그레고리 부인이나 예이츠 등과 같은 근대 부르주아 — 대개 앵글로-아일랜드인이었다 — 지식인들에 의해 재탄생되게 된 것이나, 델리 지역에서 평민들이 쓰던 시장언어인 힌두스탄어와 궁정어인 우르두(Urdu)어에 반대해 근대 쁘띠부르주아 민족주의자들이 힌디어를 사용하는 문화를 창조하고자 했던 것도 불과 1세기 전이었다.

고급예술과 대중예술 양자의 현대적인 '민족적' 형식은 바로 최근의 자본주의 시대의 산물이다. 따라서 서로 다른 형식의 대중음악들이 지구상의 여러 지역을 지배하게 된 것은 자연스러운 것이다. 권위 있는 연구에 따르면, 비(非)서구의 대중음악도 모두 다른 문화들에서 끌어모은 요소들에 바탕을 둔 것으로 비교적 최근의 산물이다.

> 가장 현저한 문화변용 형식은 서구의 영향을 받은 것이다. 특히 비서구의 음악문화에 서구의 음악 요소들(악기, 화음, 발성법)이 채택되었다. …… 서구의 디스코, 록, 슬로우, 발라드 등은 국제적 양식이 되었으며, 다국적 회사들의 통신망이 이를 더욱 촉진시켰다.[78]

물론 서구 음악 자체가 유럽 민족들만의 산물은 아니다. 그것의 중심적 요소는 "아메리카에 있는 아프리카 노예의 후손들이 아프리카에서 유래한 리듬과 서구의 멜로디와 화음양식을 합성시킨 동적이고 혼성적인 음악을 발전"[79] 시킴으로써 생겨났다.

---

78) P. Manuel, *Popular Music of the non-Western World*(Oxford, 1988), p.20.

마찬가지로 지구상의 여러 지역에서 나타나는 새로운 지역적 양식들은 전통적 형식과 서구적 형식의 종합에 기초하고 있다. 따라서 오늘날 베트남과 인도네시아에서부터 구유고슬라비아에 걸쳐 다양한 민족의 청중을 확보하고 있는 인도의 영화음악은[80] "서구의 화음을 그들 자신의 독특한 방식"[81]에 맞춰 사용해 남인도와 북인도의 토착양식과 혼합함으로써 형성되었다. 반면에 현대 아프리카 대중음악은 "일부 …… 카리브 …… 양식들—특히 쿠바의 룸바—이 1950년대부터 콩고와 아프리카의 다른 지역에서 광범위하게 유행하게 됨에 따라 나타났으며, 그것은 아프리카의 토착 음악과 아프리카-카리브 음악을 혼합해 새로운 변종을 낳았다."[82]

대중음악의 예는 문화의 혼합 경향이 어떻게 발전할 수 있는가를 보여준다. 하나의 세계적 대중음악은 있을 수 없지만, 분리나 협소한 민족적 전통으로 기우는 것이 아니라 융합과 범세계적 청중의 확보를 향해 나아가는, 비교적 소수이지만 상호영향을 미치는 지역적 음악양식이 존재하고 있다. 이러한 문화 충격은 각국의 문화적 보수주의자들의 분노를 사게 된다. 그러나 대중음악은 아마도 거대 다수의 인민대중의 생활 속으로 가장 깊이 파고들어갈 수 있는 예술문화의 형식이라 할 것이다. 대중성이라는 측면에서 볼 때 대중음악과 가장 가까운 경쟁자는 관람용 스포츠인데, 이것은 비록 '예술작품'은 아니지만 보다 보편적인 세계적 현상이다.

---

79) 같은 책, p.20.
80) 같은 책, p.20.
81) 같은 책, p.21.
82) 같은 책, p.20.

그러한 문화가 성장하고 있다는 것은 사실 놀라운 일이 아니다. 자본주의 축적의 동학은 실제로 세계적인 생활 방식을—이와 대조적인 것이지만 억압계급들을 위한 세계적 생활 방식도—창출한다. 의미심장하게도 현대 대중문화의 창조자들은 자본주의의 확장 때문에 대도시로 내던져진 사람들이다.

> 대중음악의 발전에서 가장 현저한 특징 가운데 하나는 그것이 동화되지 못하고, 시민권을 박탈당하고, 사회적으로 주변화된 빈민계급, 즉 불량배, 뚜쟁이, 매춘부, 방랑자, 노점상, 마약중독자, 음악가, 거리의 잡다한 사람들과 갖가지 실업 이민자들과 같은 룸펜 프롤레타리아를 수많은 세계적인 문화와 결합시킨다는 점이다. …… 이런 부류의 사람들이 …… 레베티카, 현대 크론콩, 레게, 스틸 밴드, 탱고, 재즈 등과 같은 다양하고 중요한 형식들을 탄생시켰다. …… 룸펜 프롤레타리아는 도시 거주자들이다. …… 그들은 문화를 표현하는 새로운 형식을 만드는 소질을 타고났다.[83)]

그러나 어떤 예술 형식의 대중성을 결정하고 따라서 그것이 유행할 것인가 아니면 소멸할 것인가를 결정하는 것은 단지 예술 형식의 창조자만이 아니다. 그것을 결정하는 것은 그 예술 형식의 소비자들이기도 하다. 그리고 노동대중과 도시 중산계급(그리고 룸펜)에게 있어 작업속도, 소비패턴, 의복양식, 오락 형식, 성관계양식 같은 것들이 점차로 낡은 문화의 장벽을 뛰어넘고 있다. 언어는 여전히 다르지만, 그들이 말하는 바는 점차 동일해져 가고 있는 것이다.

---

83) 같은 책, pp.18~19.

만일 이러한 넓은 의미에서 세계문화가 존재한다면, 예술 — 대중적 형식과 '고상한' 형식 모두에서 — 이 영화와 텔레비전 프로그램, 록 밴드와 교향악단, 소설과 오페라를 찾는 세계의 청중들로 인해 점차로 국제화된다는 것은 놀라운 일이 아니다.

대중예술에서 자본주의 발전의 산물인 각각의 지역적 양식들이 점차로 상호작용을 하듯이, 고급예술에 있어서도 전(前)자본주의적 형식들이 국제적이고 자본주의적인 형식으로 대체되어 왔다. 따라서 서유럽에서 부르주아지가 권력장악을 위해 투쟁하면서 창조한 문학 형식인 소설 역시 은구기, 아키브, 루시디, 벤 오크레, 마르께스 등과 같은 비서구 출신의 작가들에 의해 받아들여져 잘 구사되고 있다.

문화적 제국주의는 지배 열강들이 피정복민족에게 자신들의 언어와 세계사에 대한 자신들의 관점을 받아들이도록 강요함으로써 발생했다. 영국과 프랑스는 자신의 제국의 여러 지역에서 그렇게 했고, 러시아는 처음에는 짜르 치하에서, 그 다음엔 스탈린 치하에서 그렇게 했다. 그것은 바로 제국주의의 부산물, 즉 제국주의가 전세계의 민족들을 분할하고 학살시키는 유혈적이고 야만적인 과정을 통해 나온 부산물이었다.

그러나 오늘날의 문화 융합은 단순히 강제된 종속의 산물로 치부될 수는 없다. 오히려 그것은 자본주의의 확대에 의해 초래되는, 돌이킬 수 없는 변화에서 기인하는 것이다. 그것은 전세계인들이 똑같은 축적 템포에 종속되어 있는, 똑같은 세계 체제에 의해 주조된 사회 안에 살기 때문에 발생한다. 지배계급들에 의해 수행되는 착취의 형식들이 갈수록 유사해짐에 따라 그들의 생활양식과 문화도 유사해진다. 인민대중의 지루한 일상생활은 자신의 노동력을 팔고 그래서 공장, 광산, 사무실에서의 작업속도에 적응할 수 있는 능력에 의지하게 됨에 따라 여가활동과 문화, 심지어 의복조차 그 형태가 비슷해진다는 점이 그 증거이다. 예를 들어, 현대 팝 리듬은 도시생활의 현실과 임금노동 강요—비록 이 리듬이 단지 그것으로부터 도피하려는 탈출구를 제공하려 할지라도—에 대한 반감을 반영한다. 가장 지배적인 문학 형식은 소설인데, 왜냐하면 소설이야말로 부르주아와 쁘띠부르주아 지식인들이 경험하는 오늘날의 세계적 현실을 표현할 수 있는 방법을 제공해주기 때문이다.

구유고슬라비아와 구소련에서 발발했던 경쟁적인 민족들 간의 내전을 보여줬던 텔레비전 영상처럼 국제적 문화가 성장하고 있다는 사실을 더 잘 깨닫게 해주는 것은 없다. 왜냐하면 양측의 민병대원들은 똑같은 청바지를 입고, 똑같은 워크맨을 들으며, 같은 스포츠를 즐기고, 똑같은 TV 드라마를 즐겨 보기 때문이다. 만일 그들이 싸우지 않았다면, 그들은 근본적으로 비슷한 생활을 하고 거의 유사한 직업에 종사했을 것이다.

물론 변화 과정은 완성되지 않았다. 세계인구의 다수가 아직도 임금노동자라기보다는 농민들이다. 임금노동자들 중에는 임시직밖에 얻을 수 없어 기아선상에 놓인 노동자들도 있고, 대공장에 상근직으로 고용된 노동자들도 있다. 많은 도시에는 아주 많은 쁘띠부르주아지가 존재한다. 이들의 저변은, 전통으로의 복귀라는 요구를 중심으로 동원될 수 있는, 아직도 거의 도시화되지 못한 이전의 농민대중들과 합쳐지기도 한다. 많은 중동지역 국가들의 이슬람 운동이나 인도의 힌두 우월주의 운동 등이 그 예들이다. 그러나 문화

융합의 경향이 압도적이라 할 수 있는데, 그 이유는 세계 체제 내에 살고 있는 모든 사람들의 생활에 대한 세계 체제의 압력이 압도적이기 때문이다. 바로 이러한 이유 때문에 전통으로의 복귀라는 주장은 항상 엉터리다. 전통이란 가장 현대적 기술로 가장 오래된 텍스트의 의미를 바꿈으로써 만들어질 뿐이다.

현대 자본주의에 의해 만들어지는 문화는 물론 불충분하고 왜곡된 문화이다. 이 문화는 수백만 인민의 삶의 의미를 고갈시키는 계급사회의 문화이다. 이 문화는 노예제를 용인하는 동시에 자유를 설교하고, 베토벤뿐 아니라 벨젠[Belzen : 나치의 강제 수용소가 있던 독일 동북부의 한 지방—옮긴이]을 만들어내기도 한다. 중요한 것은 너무도 많은 포스트모더니스트들이 그러하듯 이 문화를 숭배하는 것이 아니다. 반대로 우리는 이 문화를 인민들이 계속해서 투쟁해 나가야만 할 하나밖에 없는 분야로 인식해야 한다. 왜냐하면, 이 문화를 창조한 체제는 다른 모든 것들을 진부하게 만들 뿐 아니라 파괴해 왔기 때문이다.

12

민족체와 민족주의에 대한 현대의 이론들

지난 75년 동안에 나타난 두 가지 중요한 경향—19세기의 고전적 모델과는 다르게 이루어지고 있는 민족들의 증식, 그리고 언어를 제외한 모든 측면에서 나타나고 있는 문화의 전세계적 동질성의 증대—때문에 최근에 민족주의에 대한 연구에서 혼란이 초래되었다. 비록 어떤 것이 민족이고 어떤 것이 민족이 아닌지에 대해 규정할 수 있는 객관적이며 고정된 기준이 더 이상 존재하지 않음에도 불구하고, 민족주의 연구자들은 사실상 모든 사람들이 자신과 '자기의' 민족을 동일시한다고 본다.

그 결과, 민족주의를 자본주의의 경제적 발전과는 관련이 없는 자의적 구성물로서 보게 되는 경향이 나타났다. 이것이 나이젤 해리스의 최근의 책 ≪민족해방≫의 취지이다. 그는 자본주의란 그 본성상 상품과 금융의 자유로운 운동에 기초하고 있는 국제적 체제라고 보았다. 해리스에 따르면 자본주의는 외부적 압력—경쟁적 절대주의 국가들 사이의 경쟁—에 의해 형성된 민족국가들의 체제 내에서 성장했지만, 오늘날에는 이 국가들 사이의 경계선을 파괴하고 새로운 다국적 질서를 수립하려는 내적 경향을 가지고 있다. 이 경향을 저지하고 있는 것은 정치세력들이 계속해서 인민들로 하여금 민족 이데올로기에 일체감을 느끼게 만들 수 있다는 점이다.

베네딕트 앤더슨은 매우 영향력 있는 자신의 책 ≪가상 공동체≫에서 경쟁적인 민족의식의 성장이 물질적 현실에서 비롯한 것이라는 점을 밝히려고 상당히 노력했다. 그의 설명에서는 그가 '인쇄 자본주의'라고 명명한 것이 아주 중요한 역할을 차지하고 있다. 그리고 그는 부상하는 부르주아지가 최초의 유럽 민족들을 형성하는 데 대단히 중요한 역할을 했다고 파악한다. "프로테스탄티즘과 인쇄 자본주의 사이의 동맹으로 거대하고도 새로운 독자대중—라틴어를 몰랐던 상인들과 여성들까지—이 형성되었고, 정치-종교적 목적을 위해 그들이 동원되었다."[84] 18~9세기에 새로운 민족의식의 성장은 "반쯤은 우연적이었지만, 생산과 생산관계들의 체제(자본주의), 의사소통의 기술(인쇄)과 인간의 다양한 언어 사이의 폭발적인 상호영향"[85] 때문에 가능했다.

일단 몇몇의 민족(국가)들이 수립이 되면, 특정한 사회집단 출신의 개인들이 언어에 활자화된 형태를 부여함으로써 새로운 민족국

84) B. Anderson, 앞의 책, p.40.
85) 같은 책, pp.42~43.

가들의 수립을 생각할 수 있게 되며, 따라서 "'민족(국가)'은 서서히 그 윤곽을 다듬어 나가야 할 하나의 전망이라기보다는, 의식적으로 추구할 수 있는 그 무엇이 된다."[86] 즉 "독립된 민족(국가)"의 모델은 표절될 수도 있는 것이었다.[87]

새롭게 활자화된 언어의 독자층은 주로 "귀족, 지주, 조신(朝臣), 성직자 등과 같은 지배계급의 가문이나 평민 출신의 공직자, 교수, 상업 및 산업 부르주아지 등과 같은 신흥 중간계층"[88] 출신이었다. 따라서 "세계사적 의미에서 부르주아지는 본질적으로 상상의 토대 위에서 결속을 이룬 최초의 계급이었다. …… 유럽에서 이러한 결속의 범위는 지역방언 사용자가 가하는 제한과 대결하면서 최대한도로 뻗어나갔다."[89]

그러나 유럽에서 민족국가의 모델이 일단 언어의 계통에 따라 확립된 이후에 이 모델은, 필요할 경우 그러한 언어적 계통 없이도 작동할 수 있었다. 유럽 열강들은 식민지에 구래의 언어 구분을 무시하는 행정체계를 수립했다. 하급 및 중급 행정직을 채우기 위해 충원된 토착 중간계급은 자신들이 유럽 모델을 따라야 할 책임이 있다고 여기기 시작했다. "폭동 [1857년 인도 벵갈 지역 원주민들의 폭동—옮긴이] 이후의 인도 민족주의는 강력하고 선진적인 제국주의 열강들의 식민지적 행정-시장의 통합과 불가분한 것이 아닌가?"[90]

86) 같은 책, p.67.
87) 같은 책, p.81.
88) 같은 책, p.76.
89) 같은 책, p.77.
90) 같은 책, p.63을 보시오. 또한 그의 주장을 자세히 알려면 pp.119~121

그러나 앤더슨은 이러한 요소들을 일관되며 총체적인 유물론적 분석으로 결합시키는 데 성공하지는 못했다. 왜냐하면 그는 민족국가를 자본주의적 지배의 전형적인 형태로서 인식하는 대신에, 사람들로 하여금 새로운 형태의 공동체를 '상상하도록' 만드는 주관적 요소들을 강조했기 때문이다. 그는 이러한 주관적인 요소들이, "존재의 일상적인 숙명성(무엇보다도 죽음, 상실, 예속)에 일정한 의미"를 부여했던 "위대한 고대의 문화적 개념들"이 사회경제적 변화들로 인해 붕괴되었던 중세 말에 처음으로 나타났다고 주장한다. 그러한 관점에서 "연구는 형제애, 권력, 시간을 의미 있게 연결시키는 새로운 방법을 찾는 방향으로 진행되었다."[91]

따라서 마침내 앤더슨은 자신의 많은 약속에도 불구하고, 민족주의 이데올로기의 뿌리는 자본주의의 발전이 아니라 실존적 열망에 있다고 파악했다. 이 주장은, 그가 최근에 쓴 글인 <새로운 세계적 무질서>(New World Disorder)[92]에서 명백해지는데, 거기에서는 민족주의의 힘은 자본주의 그 자체에 귀속되는 것이 아니라, '자본주의의 등장'과 관련된 두 가지 중요한 요소들, 즉 '대중매체와 대규모 이민'에 기인한다고 주장한다. "인쇄 자본주의가 대중매체를 통해 새로운 유형의 공동체, 즉 민족을 상상하기 시작한 다수 대중들을 형성시켰다." 동시에 "수많은 이민자들로 이루어진 정착민 공동체의 대거 등장은 그들 자신을 인종화했고…… 프랑스에서 르펜

을 보시오.

91) 같은 책, p.30.

92) 오스트리아 방송협회에서의 연설, *New Left Review*, 193, 1992년 3, 4월호.

의 신파시스트 운동을…… 영국에서 민족전선을…… 미국에서 '백색 권력' 극단주의자들을 낳았으며 또 계속 낳을 것이다." 이러한 그의 주장은, 인종주의가 종종 소수 인종의 수가 가장 적은 곳에서 가장 강력하게 나타난다(오늘날 폴란드의 반유태주의 또는 영국의 모든 백인 도시와 촌락에서 나타나는 반흑인 인종주의)는 매우 유력한 증거에도 불구하고, 인종주의는 이민 때문에 발생한다는 낡은 주장을 되풀이하는 것에 불과한 것이다.

앤더슨의 주장에 내포되어 있는 또 다른 약점은 의심할 바 없이 그의 책의 출발점과 관련되어 있다. 그는, 자신이 설명했듯이, 1970년대 후반 그가 사회주의 국가라고 보았던 중국과 베트남 간의 1차 전쟁이 가져다준 충격 하에서 책을 쓰기 시작했다. 그의 목적은, 민족주의가 자본주의 사회뿐 아니라 사회주의 사회에서도 중심적 특징이 되는 이유를 파악하고자 하는 것이었다. 그는 중국과 베트남을 경쟁적 축적의 동학에 의해 지배되는 사회—국가에 의해 조직된 자본주의 변종—로 보지 못함으로써 민족주의의 뿌리를 자본주의 사회 외부에서 찾도록 떠밀렸고 결국 이를 선천적인 심리적 필요들의 충족이라는 관점에서 보게 되었다.

그 결과 역설적으로 앤더슨은 마르크스주의자가 아닌 어네스트 겔너가 파악하고 있던 것조차 보지 못하게 되었다. 겔너는 역사의 발전을 원시공산제, 노예제, 봉건제, 자본주의, 사회주의라는 방식으로 보지 않고, 오히려 '원시'사회, 농업사회, 산업사회로 나누었다. 이러한 접근 방식이 갖는 수많은 오류에도 불구하고, 이것은 20세기 중반의 소위 사회주의 사회를 바라볼 때 앤더슨보다 유리한 점을 그에게 제공했다. 겔너는 소위 사회주의 사회들이 본질상 자본주의 사회들과 아무런 차이도 없다고 보았으며, 그래서 그는 이들 사회가 이전 사회들과 구별되는 것, 즉 두 사회가 공유하고 있는 특징들에 대한 실제적인 설명 방식들을 추구했다. 따라서 그는 민족을 영원한 것으로 보려는 시도들을 맹렬히 비판했다. "민족을 자연스럽고도 천부(天賦)적인 인간분류 방식으로 보는 것은 하나의 신화이다. 민족주의는 때때로 이미 존재하고 있는 문화들을 받아들이기도 하고, 때로는 그 문화를 민족으로 만들기도 하며, 또한 문화를 발명하기도 하고 종종 이미 존재하는 문화를 없애기도 한다. 이것이 현실이다."[93]

그는 각각의 '산업사회'가 단일언어를 자유롭게 읽고 쓸 수 있는 '동질적인' 주민들을 필요로 했고, 그러한 필요가 민족을 형성시켰다고 주장했다.

> 민족주의가 동질성을 부여하는 것은 아니다. …… 동질성에 대한 객관적 필요가 민족주의에 반영되어 있는 것이다. …… 현대 산업국가는 오직 문화적으로 표준화되고, 교체 가능한 주민들이 있을 때에만 기능할 수 있다. …… 민족주의가 자신을 어떻게 드러내든지 간에, 민족주의는 구래의, 잠복 중이며 휴면하고 있던 힘에 대한 각성인 것은 아니다. 사실 민족주의는 깊숙이 교육에 의존하는 고급문화들 — 이들 각각은 자신의 국가에 의해 보호된다 — 에 기초한 새로운 형태의 사회조직의 결과물이다.[94]

민족이 객관적인 물질적 현실들의 결과이듯이, 대중들 사이에

93) E. Gellner, 앞의 책, p.48.
94) 같은 책, pp.46~48.

독립 민족국가를 추구하는 것 역시 마찬가지다. 산업화와 더불어,

> 이전에는 문화적 빈민가에 있다가 판자촌의 용광로 속으로 인입되어 온 문맹 및 반(半)기아 상태의 인민들은, 그 나름의 국가를 이미 획득했거나 아니면 획득할 수 있는 것처럼 보이는 그러한 문화적 저수지들 가운데 하나에 편입되기를 열망한다. 이를 통해 그들은 초등교육이나 고용 등의 혜택을 받고 완전한 문화적 시민권을 약속 받고자 하는 것이다.95)

민족국가로의 편입이 용이할 경우, 그들은 자신들의 옛 문화를 망각하고 쉽게 새로운 국가에 동화될 것이라고 겔너는 주장했다. 이를 통해 겔너는 이 세계에는 민족 또는 민족적 열망보다 언어적 잠재력이 열 배나 더 크게 존재한다는 사실을 설명한다. 그러나 그들은 일단 '추방되면' 지금까지와는 다른 방식으로 자신을 규정하려 할 것이다. 민족주의 그 자체는 지배적 영향력을 행사하게 되겠지만 어떤 특별한 민족주의가 그렇게 되는 것은 아니다.96)

겔너는 하나의 민족으로 동화되고자 하는 경향—필요할 경우에는 새로운 민족국가들을 창출하려는 시도—이 현대 세계의 중심적 특징으로 되는 이유를 파악하고 있다는 점에서 앤더슨과 해리스 양자를 넘어 설 수 있었다.

> 민족은 민족주의의 시대라는 견지에서만 제대로 규정될 수 있다.

---

95) 같은 책, p.46.
96) 같은 책, p.47.

> …… 표준화되고 동질적이며 중앙 집중적인 고도의 지층이 형성될 수 있는 일반적인 사회적 조건이 조성되어 이것이 소수 엘리트만이 아니라 전 주민에게 영향을 미칠 때, 정규 교육에 의해 인정된 통합적 문화가 구성되어, 누구나 자발적으로 그리고 열정적으로 일체화되고 싶어하는 그런 종류의 단위를 이루게 된다. 이 문화들이야말로 사람들이 자발적이며 열정적으로 동일시할 수 있는 거의 유일한 종류의 단위이다. …… 오직 그런 후에야 자신들의 국경선이 다른 정치집단에 의해 침범당하게 되면 그것이 치욕적인 일로 여겨질 수 있다. …… 이러한 조건 하에서 그리고 오직 이러한 조건들 하에서만 민족들은 의지와 문화 양자에 의해 규정될 수 있다.[97]

그러나 겔너의 입장에는 커다란 사각지대가 있다. 그는 산업사회가 다른 방식으로는 조직될 수 없다고 생각했다. 여기에서 그의 유물론적 분석은 앤더슨과 매우 유사한 결론에 이르게 된다. 즉, 민족은 모든 현존 사회들을 지배하며, 어쨌든 우리가 그 사실을 인정해야만 한다는 것이다. 1991년 여름 유고슬라비아가 야만적인 경쟁적 민족주의로 빠져드는 것에 반대한 항의시위에 참여했던 겔너가 결코 그것을 달가워하지 않았으리라는 것은 명백하다. 그러나 그는 다른 대안을 제시할 수 없었다.

에릭 홉스봄의 저작 ≪1780년 이후의 민족과 민족주의≫[98]는, 그가 지적했듯이, 무엇보다도 민족을 시대를 초월한 실체가 아니라 '근대 사회'의 출현과 더불어 형성되었다고 파악하는 마르크스주의 전통에 훨씬 더 밀접한 관련을 가지고 있기는 하지만 겔너의 관점

97) 같은 책, p.55.
98) 이 책은 겔너나 앤더슨의 것보다 나중에 쓰여진 것이다.

과 아주 유사한 틀을 당연하게 받아들이고 있다. 이 책의 대부분은 사료(史料)들을 그러한 틀에 맞추고 있는 것이어서, 독자들은 자주 매혹적인 사실에 빠져 길을 잃어버리는 위험에 처하게 된다. 즉 숲을 보지 못하고 나무만 보게 되는 우(愚)를 범하게 만드는 것이다. 그러나 홉스봄은 많은 점에서 겔너와는 다르다.

첫째, 그는 민족 운동들이나 민족국가들에 동조하고 있는 사람들의 관점들은 민족주의의 지도자들이 주장하는 것처럼 분명한 것일 수 없다고 주장한다.

> 만일 내가 겔너의 저작에 대해 주요하게 비판할 점이 있다면, 그것은 그가 선호하고 있는 위로부터의 근대화의 전망이 아래로부터의 관점에 대해 관심을 갖기 어렵게 만든다는 점이다.
> 아래로부터의 관점, 즉 정부, 민족주의 — 그리고 비(非)민족주의 — 운동의 대변인이나 활동가들이 아니라 행동과 선전의 대상인 일반인들이 파악하는 바로서의 민족은 발견하기가 대단히 어렵다. …… 우리는, 민족적 정체화 — 만약 그것이 존재한다면 — 가 사회적 존재를 구성하는 여타의 정체화들을 배제한다거나 혹은 그것들보다 늘 우월하다고 볼 수 없다……
> 민족적 정체화와 그것이 함축하고 있다고 믿어지는 바는 수시로 변하거나 바뀔 수 있으며, 심지어 아주 짧은 기간의 과정 속에서도 그러하다.[99]

나중에 그는 그 주장을 좀더 정교화했다.

---

99) E. Hobsbawm, *Nations and Nationalism since 1780*, pp.10~11. [E. 홉스봄, ≪1780년 이후의 민족과 민족주의≫, 창작과비평사, 1994]

> 사람들은 집단적 정체성을 신발을 고르듯이 선택하지는 않는다. 그들은 민족국가를 포함해서, 여러 가지에 대한 애착과 충성심을 동시에 가지고 있었으며, 그것은 지금도 여전히 마찬가지이다. 그리고 생활의 다양한 측면들에 대해서도 여러 가지 애착과 충성심을 동시에 가지고 있으며 우연히 기회가 주어질 경우, 그것들 중 하나가 적절한 어떤 순간에 그들의 가슴 속에서 가장 중요한 것이 될 수 있다. 왜냐하면, 한 인간 속에서 서로 다른 애착들이 오랫동안 양립할 수 있기 때문이다. …… 이러한 다양한 충성심들 가운데 하나가 다른 것과 직접적으로 갈등을 일으킬 때에야, 그것들 가운데에서 하나를 선택하는 문제가 나타난다.

그는 제1차세계대전 기간에 오스트로-헝가리 군대에 복무했던, 인종적 배경이 서로 다른 병사들의 편지에 대한 피터 하나크의 조사를 인용해, 사회적 관심과 민족적 충성심이 어떻게 상호작용하는지에 대한 생생한 예를 제공한다.

> 처음 몇 년 동안의 편지들 속에는 민족주의나 반(反)군주주의적인 내용이 그리 많지 않았다. …… 그러나 수 년간에 걸친 전쟁과 특히 1차 러시아 혁명으로 인해, 정치적 내용 때문에 압수된 편지들의 양이 급속히 증가했다. 사실, 여론에 대한 검열관들의 보고서를 보면, 전쟁 발발 이후 그 충격이 인민의 최하층까지 영향을 주었던 최초의 정치적 사건은 러시아 혁명이었다는 점을 알 수 있다. 폴란드나 우크라이나와 같은 피억압민족들의 일부 활동가들 사이에는 개혁—아마도 독립—의 희망이 고양되기도 했다. 그러나 지배적 분위기는 평화와 사회변혁에 대한 요구였다.
>
> 이제 노동자와 농민 그리고 노동자 계급 여성들의 편지에서 나타나

> 기 시작한 정치적 의견들은 세 가지의 서로 연관된 대립상의 개념, 즉 부자와 빈자(또는 지주-농민, 고용자-노동자), 전쟁과 평화, 질서와 무질서로 가장 잘 분석될 수 있다. 적어도 편지에 나타난 연관관계들은 명확하다. 즉, 부자는 유복하게 살며 군대에 복무하지 않고 가난한 인민들은 부자와 강자, 국가와 군대 등의 권위에 지배된다는 것이다. 새로운 점은 불만들이 훨씬 더 빈번하게 나타나는 점뿐 아니라…… 운명을 수동적으로 받아들이는 것에 대한 대안으로서 근본적 변화에 대한 혁명적 기대가 확산되었다는 점이다.
>
> 민족 감정은 주로 간접적으로 논의되었는데, 하나크를 인용하자면, 그것은 주로 '1918년까지 민족적 정서가 광범위한 인민대중들 사이에서 아직은 의식의 안정적 요소로 결정화되지 못했기' 때문이었다. 민족성 문제는 빈자와 부자의 갈등의 한 측면으로 가장 자주 등장했으며, 특히 양자가 서로 다른 민족에 속해 있을 경우에 아주 빈번하게 나타났다. 그러나 가장 강력한 민족적 어조를 발견할 수 있는 곳에서조차—체코인, 세르비아인, 이탈리아인들의 편지—우리는 또한 사회변혁에 대한 염원이 압도적임을 발견할 수 있다. …… 10월 혁명이 그 최초의 충격을 던졌던 시기는 대중적 정서에서 사회적 요소가 가장 강력했던 시기였다.

인민들이 사회 혁명에 대한 기대를 버리고 민족주의를 통해 구원을 바라기 시작한 것은 1918년 1월 오스트로-헝가리와 독일의 파업 물결이 정권 타도와 전쟁 종결에 실패한 후였다. "그러나 심지어 1918년의 과정에서, 민족적 주제가 최종적으로 대중적 의식 속에서 지배적인 것이 되었을 때조차도, 사회적 주제와 분리되거나 대립되는 것은 아니었다. 군주제가 분쇄됨에 따라 대부분의 빈자들에게 두 주제는…… 서로 조화를 이루었다." 홉스봄은 "유럽 빈민들의 실질적 관심들을 반영하는 운동이 1918년에 패배하면서 그 반대급부로 민족주의가…… 승리했다"고 주장한다. 이렇게 되자 "피억압 민족들의 중하위 계층은 새로운 독립적…… 소국의 지배 엘리트가 되었다."100)

홉스봄의 언급에서 두 번째로 새로운 점은, 그가 널리 알려진 바와는 달리 민족주의 세력이 쇠퇴하고 있다고 주장하는 것이다. 그는 이 주장을 뒷받침하기 위해 많은 논거를 제시했다.

첫째, 그는 1945년 이후, 이전의 식민지 세계에서 등장한 새로운 국가들 대부분은 실제로 민족국가가 아니라고 주장했다. 그 이유는 그들이 구식민지의 행정경계선 내에 제한되어 있어서 언어적 동질성을 확보할 수 없으며 국민대중으로부터 실질적인 충성심을 얻을 수 없기 때문이라는 것이다. 그러나 이것은 단지 그 국가들이 때늦은 형성으로 인해 성공적이지 못했음을 의미할 뿐이다. 모든 신생국가들은 그들 국민들의 정체성의 중심이 되기를 열망하며, 비록 정체화가 전면적으로 이루어진 것은 아니었지만, 일부는 성공적이었다(그러나 홉스봄의 분석을 보면 이 주장을 인정할 수 없게 된다). 국가가 공통적 언어를 부여하는 데 실패했음에도 불구하고, 많은 인도인들은 자신을 '그들의 조국'과 동일시한다. 비록 자신을 힌두교도나 이슬람교도, 노동자나 고용자, 브라만이나 최하위 천민으로 규정하면서도 말이다. 아프리카와 중동에서는 국가의 경계선이 언어의 경계선을 무시하고 설정되었음에도 불구하고, 그것은 중간계급이 생계를 위해 국가에 의존했고 또 국가가 사회를 '근대화'시

---

100) 같은 책, pp.127~130.

키기를 원했기 때문이며, 이로써 노동자, 룸펜 프롤레타리아와 농민에게 이데올로기적 영향을 행사했기 때문이다.

그는 '사회주의' 나라들에 관련해서 훨씬 더 모호한 두 번째 주장을 펼치고 있다.

> 그러한 정권들이—적어도 이론적으로는—스스로를 자신들을 구성하는 어떤 민족체들과도 동일시하지 않고, 그들 각각의 이해를 보다 고귀한 공동의 목적에 비해 부차적인 것으로 간주하는 한 그들은 민족적이지 않다. …… 다민족 국가들 내에 있을 수 있는 민족주의의 재앙적 결과들을 제한시켰던 것은 공산주의 정권의 위대한 업적이었다. …… 해외에서 소련 내의 여러 민족체들을 옹호하는 사람들이 항의하곤 하는 '민족차별'이나 심지어는 '민족억압'도, 소비에트 권력의 퇴진이 가져올 수 있는 결과들보다는 한결 덜한 것이다.……101)

여기에서 우리들의 유일한 바램은, 홉스봄이 제반 사태들을 공식대변자들의 말에 따라 평가하지 말고 사태를 '아래로부터' 파악하고자 하는 자신의 애초 의도를 진지하게 유지했으면 하는 점이다. 물론 그가, 모스크바의 호스텔에 타타르인이나 코카사스인 임시 노동자가 살고 있고, 터키어를 사용하는 사람이 러시아어를 사용하는 군대에 징집되며, 카자흐어를 사용하는 간호원이 단 한 명도 없는 알마아타시에 카자흐어를 사용하는 어린이가 있다는 것이 무엇을 의미하는가에 대해 자문했을지도 모른다. 그러나 실제로 그의 책에서는 억압의 현실이 각주 두 개로 처리되었는데, 하나는 차우셰스

101) 같은 책, pp.172~173.

쿠 치하 루마니아의 루마니아화(化)를 언급한 것(불가리아에서의 터키인에 대한 박해는 언급도 없었으며, 1945년 이후 슬로바키아에서 헝가리어 사용자들을, 그리고 보헤미아, 모라비아, 서폴란드에서 독일어 사용자들을 몰아낸 인종 청소에 대해서는 더더욱 언급이 없다)이고, 다른 하나는 소련에서 '전후에 발생했던 일부 민족 전 주민의 대량 이주'(비러시아계 민족을 정복했던 짜르 치하 러시아에 대한 찬양이 전후에 공식 이데올로기가 되었다는 점에서도 역시 언급하지 않고 있다)가 그것이다.

홉스봄이 원하든 원하지 않든 간에, 모든 동유럽 정권은 그 안에 살고 있는 사람들에게는 하나의 민족에 의해 지배되는 정권으로 보여진다.[102] 자유로운 의사표현이 가능해지자 소수 민족의 폭동이 발생했고, 이 폭동에 대항해 지배적 민족들을 동원하려는 시도—종종 옛 지배정당의 잔존 인물들이 지도했다—가 일어났다는 것은 그리 놀라운 일이 아니다.

그러나 홉스봄은 보다 진전된 두 가지 점을 다음과 같이 지적했다.

> 민족주의는…… 역사 발전에 있어 더 이상 중요한 요소가 아니다. 19세기의 '발전된' 세계에서, 민족국가와 민족경제를 결합시킨 다수의 '민족들'이 형성된 것은 확실히 역사적 변화의 주된 요인이었다.…… 20세기 전반기의 '종속적' 세계에서…… 민족해방과 독립을 위한 운

102) 세르비아어와 크로아티아어를 사용하는 두 민족이 지배하고 있는 유고슬라비아는 부분적으로 예외이다. 유고슬라비아에는 이 밖에도 슬라브어를 사용하는 민족이 있으며, 또 알바니아어를 사용하는 비(非)슬라브인에 반대해 단결하고 있는 슬로베니아 민족도 있다.

> 동들은 전세계 대부분의 정치적 해방의 주요 담지자였다. …… 민족해방과 독립을 위한 운동들은 전형적으로 해방뿐 아니라 통합을 지향하는 것이었다.……
>
> 20세기 후반의 민족 운동의 성격은 본질적으로 부정적이며 분열적이기까지 하다.

이러한 주장에는 정당한 요소가 있다. 현대 자본주의에서는, 가장 커다란 국가마저도 자본주의가 작동하기에는 너무 작게 되었다. 소규모 국가일수록 자본주의 체제의 변덕을 훨씬 더 용이하게 극복할 수 있을 것이라는 사고는 불합리하다. 그러나 이것은, 로자 룩셈부르크가 레닌에 반대해 이러한 주장을 했던 80년 전에도 이미 진실이었다. 경제적으로 볼 때 그녀는 옳았다. 예를 들면 오스트로-헝가리 제국을 계승한 국가들은 양차대전 시기 사이에 그들의 옛날 원료와 시장을 상실함으로써 그들의 경제를 발전시키는 데 완전히 실패했다.[103] 그러나 정치적으로 볼 때 그녀는 틀렸다. 왜냐하면 수백만의 인민들이 구제국을 산산이 부수고 새로운 국가들을 창출하면서 민족주의 운동으로 몰려들었기 때문이다.

민족주의가 막다른 골목에 봉착했다는 사실이, 인민들이 민족주의로 향하는 것을 자동적으로 막지는 못할 것이다. 물론 어떤 시점에 이르게 되면 인민들이 민족주의에 대한 환상을 버리겠지만 말이다.

홉스봄의 마지막 논점은, 민족주의라고 불리는 많은 것들이 새로운 국가 건설과는 전혀 관계가 없고, 오히려 인민들을 특정의 언

---

103) 부분적으로 유일한 예외는 체코슬로바키아의 체코이다.

어적·인종적 배경으로부터 동원해 현존 국가에 대한 정치적 압력을 행사하는 것과 관련이 있다는 것이다. 그의 말에 따르면, 이것은 서로 다른 배경을 가지고 있는 막대한 수의 이주자들을 세계의 거대 도시로 유입시켰던 경제 발전 방식의 산물이었다. 인종이 혼합됨으로써 새로운 단일 인종국가의 수립은 생각할 수 없게 되었다는 것이다. 그러나 그것은 무엇보다도 특정의 언어적·인종적·종교적 그룹에 대해 혜택을 약속함으로써 정치 경력을 쌓고자 하는 이들을 위한 중요한 지지층을 창출하기도 한다. 극단적 경우엔 공동체 내에서 끔찍스런 유혈사태를 초래할 수도 있다. 그러나 비록 이들 집단들이 머나먼 조상의 땅과의 민족주의적 동일시를 통해 조직된다 해도, 그들의 민족주의는 일반적인 의미에서 민족주의적이라고 간주될 수 없다는 것이 홉스봄의 주장이다.

그의 주장은 이 점에서 매우 완강하다. 그러나 그는 여전히 그것을 과장하고 있다. 경제적 붕괴 상태에서는 다른 인종집단의 추방을 요구하는 운동이 현대적이고 다민족적인 도시들에 대한 통제권을 장악하기 위한 싸움으로 바뀔 수 있다. 우리는 그런 사례를 최근 몇 개월 동안 보스니아에서 보아 왔다. 인종주의는 자치주의를 넘어서, 가장 야만적인 방식을 통해, 새로운 인종국가에 대한 열망으로 나아갈 수 있다.

홉스봄의 몇 가지 주장들은, 민족주의에 저항할 수 있는 잠재력이 존재한다는 것과, 민족주의가 많은 사람들이 믿듯이, 불가항력적인 것은 아니라는 점을 보여줬다. 그러나 그의 주장들은 이 잠재력이 어떻게 현실화될 수 있는지는 보여주지 않는다. 그러기 위해서 홉스봄은 유로꼬뮤니즘으로 희석된 자신의 입장이나 그에게 잔존하고 있는 스탈린주의에 대한 향수 따위와 결별하고, 자신이 제1차세계대전에 대해 쓸 때 언급했던 계급적 대안으로 눈을 돌려야 할 것이다.

13

사회적 위기들과 오늘날의 민족주의

지금까지 이 논문의 중심 내용은, 민족국가를 유럽의 서쪽 변두리에서 시작되어 지금은 전세계를 정복한 자본주의의 발전과 관련된 정치적 통치의 전형적 형태로 파악하게 되면 그것을 둘러싼 미스테리는 사라지게 된다는 것이다. 각 단계에서 이러한 발전의 이익을 나누어 갖고자 애썼던 사람들은, 그들이 자본가든, 국가관료이든 아니면 학식 있는 중간계급이었든 간에, 그들 자신의 지역적 민족국가를 갖기를 원했다. 그러나 많은 새로운 국가들이 이 국가로부터 기대되는 경제적 이익들을 얻는 데 실패함에 따라, 이제 이러한 국가를 얻기 위해서 '민족적'이라는 개념에 크게 경도되었던 것이 적절치 않았던 것으로 드러났다.

따라서 민족국가들의 체제는 완전히 성숙한 자본주의 생산양식의 정치적 상관물이다. 민족국가는 자본주의가 유년기일 때 세계를 정복하는 것을 도와주면서 성년기와 노년기까지 존속한 정치적 형태이다.

그러므로 자본주의 하에서 민족주의 이데올로기가 힘을 가지고 있다는 것은 놀라운 일이 아니다. 이 이데올로기는 자본주의 세계의 삶의 경험이 인민의 의식 속에 반영된 것의 일부이다. 자본주의 하의 삶이, 대다수 인민들로 하여금 상품생산, 소외된 임금노동, 경쟁이 협력보다 더 일반적이라는 것 등을 당연하게 받아들이게 만드는 것처럼, 민족국가의 필요성 또한 당연한 것으로 받아들이게 만든다. 그리고 다수의 인민대중이 체제 전체에 도전하지 않는 한 민족주의적 의식은 유의미한 것이다. 왜냐하면 자본주의 체제 내에서 개별 자본가들은 다른 사람들에게 자신의 이익을 강요할 국가를 가지고 있지 못하면 매우 어려운 상황에 처하게 될 것이고[104] 개별 농민가족은 식량시장의 불가피한 가격등락으로부터 국가가 자신을

104) 나이젤 해리스와 넓게로는 에릭 홉스봄, 이 둘은 오늘날의 자본이 민족국가와 결합되어 있지 않거나 아니면 싱가포르나 홍콩처럼 매우 작은 국가와 결합되어 있는 점을 잘 보여줬다. 그러나 이들 자본은 전적으로 예외에 해당되며 규칙적인 사례는 아니다. 세계생산을 지배하는 거대 기업들은 민족국가의 국경선을 넘나들지만, 긴급한 시기에 의존할 수 있는 민족국가를 적어도 하나 이상은 가지고 있어야 한다. 이 점에서는 홍콩의 자본가들조차 예외는 아니다. 그들은 과거에는 영국 국가에 의존했으며, 지금은 거인 중국 국가에 합병되는 것에 대해 거대 다수의 홍콩 인민들보다 더 민감하다. 나이젤 해리스의 견해를 전반적으로 비판하는 글을 보고 싶으면, 'The State and Capital', *International Socialism* 2:51을 보시오.

보호해줄 것이라는 희망을 갖고 있으며, 개별 노동자들은 자유롭게 노동하고 생활하기 위해, 그리고 필요할 경우 복지혜택을 받기 위해 국가에 소속되어야만 한다는 것을 알고 있기 때문이다.

마르크스는 이미 150년 전에, 지배적 사상은 항상 지배계급의 사상이라고 지적한 바 있다. 바로 그러한 지배적 사상들 가운데 하나가 '자연적 단위'로서의 민족이라는 사상이다.

지배적 사상은 불변하는 것은 아니다. 최소한 이 점에서 홉스봄은 절대적으로 옳다. 거대한 사회적 위기들은 새로운 상황을 창출한다. 즉 사상과 현실이 서로 반대 방향으로 움직이고, 사회적 소요와 사람들의 고통이 구체제에 대한 충성의 의무와 갈등을 일으키며, 예전의 생활 방식으로는 계속 살아갈 수 없고, 갑작스런 대결이 야기되어 새로운 적대감과 새로운 충성파들이 창출되는 상황이 초래되는 것이다.

그람시의 표현을 빌면, 그런 시기에 인민의 의식은 단일하지 않고 모순적인 것이다.[105] 낡은 사고 방식은 새로운 사고 방식과 공존한다. 인민들은 자신들이 지금까지 사용하던 개념으로 스스로를 표현하지만, 취하는 행동은 완전히 새로운 것을 내포한다. 마침내 모순은 낡은 것을 파괴하거나 아니면 새로운 것을 포기함으로써만 해결될 수 있다. 그러나 결말까지는 매우 오랜 시간이 걸리기도 한다.

16~7세기의 자본주의 발달은 중세 기독교의 이데올로기 전체에 도전하는 사회적 행동양식을 창출했다. 이러한 도전의 논리는 계몽

105) *II Materialismo storico e la filosofia di Benedetto Croce*(Turin, 1948), p.38.

주의를 통해 종교적 사고 방식에 대한 완전한 거부로 이어졌다. 그러나 이것은 수세기 동안 대중의 의식 속으로 곧바로 침투하지 못했다. 한 동안은 새로운 생활 방식을 받아들였던 사람들이 기독교를—비록 새로운 개정판이지만—계속해서 받아들임으로써 부분적으로 낡은 사고 방식과 타협하고자 했다.

위기의 시작 속도와 사회적 소요의 정도는 이전의 어떤 생산양식보다도 자본주의 사회에서 더욱 크며, 따라서 낡은 의식 형태에 가해지는 압력은 훨씬 예리해진다. 그럼에도 불구하고 거대한 격변의 최초 단계에서는 모순되고 혼합적인 의식 형태가 대다수 인민대중의 정신에 불가피한 특징이다. 예컨대 1917년 2월에 짜르를 타도하고 소비에트를 수립했던 노동자대중은 르보프 왕자가 임시정부를 이끄는 것을 허용했고, 카이저를 제거하고 전제를 종식시켰던 독일 노동자 계급은 재앙적이게도 에베르트, 샤이데만 그리고 '사냥개' 노스케가 부르주아지와 장교단의 권력을 유지하는 것을 허용했으며, 거대한 독립 노조를 창출해 1980년 여름에 스탈린주의에 최초로 커다란 패배를 안겨줬던 폴란드 노동자 계급은 교황에게 굴복하고 지배자들과 타협하라고 설교하는 자들의 충고를 받아들였다.

새로운 민족주의의 갑작스런 부상은 바로 이러한 맥락에서 설명되어야 한다. 자본주의 하에서는 인류가 민족들로 구분된다는 관념이 인민의 의식 속에 각인되어 있다. 만일 하나의 민족국가가 실패할 경우, 가장 손쉬운 방법은 또 다른 민족국가를 창출한다는 관념에 의지하는 것이다. 완전히 새로운 게임을 만들어내는 것보다 그 안에서 여러 조각들을 재배열하는 것이 훨씬 더 '실용적'인 것처럼 보이는 것이다.

이것은 중간계급의 광범위한 부분들의 물질적 이해에 의해 고무될 수 있다. 이것은 특정 지역 주민의 대부분이 구국가의 공식언어와는 다른 언어를 유창하게 구사할 수 있을 때 특히 그렇다. 그들 가운데 일부에게는 분리된 국가—적어도 민족자치만이 인정된다고 하더라도—는 관료적 지위로 쉽게 접근할 수 있음을 의미한다. 그래서 카탈로니아어를 사용하는 중간계급은 이전에 주로 스페인어를 사용하던 노동자들이 주도했던 투쟁에 결합해 영향력을 행사함으로써 스페인 파시스트 정권의 마지막 2년 동안에 카탈로니아 민족주의가 융성했다. 그러나 언어는 필수불가결한 요소는 아니다.

또한 자본가나 국가자본주의 지배계급의 주요 분파들이 불만을 민족주의적 요구로 돌림으로서 이익을 얻을 수도 있다. 가장 강력한 분파는 좀처럼 민족주의를 조장하지 않으며, 때로는 그것이 기존 국가와 강하게 연결되어 있는 자신들에게 해롭다고 생각해 강력히 저항하기도 한다. 그러나 그때조차 그들은 민족주의를 사회 혁명 운동의 성장과 비교해 훨씬 덜 사악한 것으로 간주할 수도 있다. 지배계급 내에서 덜 강한 분파는 자신들의 부의 축적을 가속화시키는 매우 좋은 방법으로 분리주의적 국가를 후원할 수도 있다. 예컨대 1971년 서파키스탄 중앙 국가기구로부터 동파키스탄 분리 운동을 주도했던 사람들이 소벵골어를 사용하는 대부르주아지는 아니었지만, 그들 가운데 일부는 분리를 통해 마침내 새로운 방글라데시 민족국가를 형성함으로써 막대한 이윤을 획득했다.

마지막 요소 또한 민족주의 슬로건과의 동일시를 유발함에 있어 대단히 중요하다. 그것은, 구국가가 민족노선에 따라 억압적으로 보일 수 있는 정책을 어느 정도나 실행했는가 하는 것이다. 이것의 고전적 형태는 특정 언어 사용자들에 대한 차별이다. 즉, 터키 정부가 1980년대에 쿠르드어를 금지했던 것이나 스리랑카 정부가 타밀어가 아니라 실론어를 공식언어로 고집했던 것 등이 그 예이다. 비록 중간계급이 가장 커다란 고통을 받지만 노동자들 역시 그들의 국가와 접촉할 때마다—경찰, 법원, 심지어 우체국에서조차—여러 가지 문제에 봉착하게 된다. 그러나 차별은 형식적인 것이 아니다. 특정 언어나 종교집단에 속해 있는 사람들은 경찰, 공무원, 고용주들과 접촉할 때마다 자신들이 이류 또는 삼류 시민으로 간주되고 있음을 발견할 수 있다. 바로 이것이 영국 지배 하의 아일랜드인(특히 카톨릭교도들), 파키스탄 지배 하의 벵골인, 이라크 지배 하의 쿠르드인들이 항상 경험해 왔던 바이다. 상황 논리는 억압의 악순환을 초래한다. 소수 민족은 그들에게 행해지는 차별에 저항하고, 국가는 그들을 불충(不忠)한 것으로 간주해 그들의 대변자를 체포하고, 대표 기구를 해산하며, 그들의 신문을 검열하고, 차별을 더욱 강화해 그들의 소외감을 한층 강화시킨다. 현존 국가 내에서 보다 나은 지위를 확보하기 위해 시작된 온건한 저항은 종종 화해할 수 없는 분리의 요구로 나아가곤 한다.

그러나 운동이 대중적인 지지를 획득하는 데 항상 실질적 탄압이라는 요소가 필요한 것은 아니다. 국가의 공식적 민족주의에 대해 주민의 대다수가 상당히 수동적으로 지지하는 것과 마찬가지로 거대한 사회적·정치적 위기시에는 특정 분파의 인민들이 분리주의자를 지지하는 것으로 바뀌는 것을 볼 수 있다. 실제로 분리는 변화를 가져오고 변화는 발전처럼 보이기 때문에, 새로운 민족주의에 대한 충성은—비록 이렇게 증가된 힘이 오래 지속된다는 보장은 없지만—구래의 민족주의에 대한 것보다 강력할 수 있다.

스코틀랜드는 억압받지 않는 자의 민족주의가 얼마나 광범위하게 동요할 수 있는가를 보여주는 하나의 사례이다.106) 이곳에서는 독립이나 자치 정부의 수립이 토리 정부의 지배와 영국의 장기적인 경제쇠퇴로 인한 암울한 영향을 깨부술 수 있는 가장 빠른 길을 사람들에게 제공할 것처럼 보였다. 민족주의, 특히 스코틀랜드 민족당에 대한 지지가 매우 급격하게 성장했다. 영국 민족주의—'국가' 스포츠팀, '국가' 깃발, '민족' 문화와 '민족' 명절—의 피상적 상징들에 대한 동일시가 스코틀랜드 민족의 상징에 대한 동일시로 변했다. 그러나 대다수 인민대중의 지지는 수동적이었고 독립을 위한 돌파구가 없자, 스코틀랜드 민족주의는 등장할 때와 마찬가지로 빠르게 소멸되어 버렸다. 그 후에 사람들은 스코틀랜드의 상징들(축구팀)과 영국의 상징(왕실, 군대, 올림픽팀, 이중 특히 올림픽팀이라는 정체에 대해서는 스코틀랜드 민족당이 도전조차 하지 않았다)107)을 동일시하는 데 아무런 모순도 보이지 않았다.

이것은, 억압받지 않는 자들의 민족주의가 현존 국가에 때로는 문제를 제기할 수도 있다는 것을 부정한다는 의미가 아니다. 우연

---

106) 스코틀랜드에 민족억압이 없다는 주장을 보고 싶으면, C. Bambery, 'Scotland's National Question'(SWP, 1990)을 보시오.

107) 그래서 ≪글래스고우 해럴드≫(*Glasgow Herald*)의 1992년 8월 10일자는 1992년 올림픽에서 영국팀의 '전과'에 대해 강조하면서—비록 몇몇 경우에는 스코틀랜드 출신의 경쟁자가 이룬 성과임에도 불구하고—'영국의 명예로운 역할'이라는 제목 하에 메달의 목록을 나열해 보도했다. 또 같은 올림픽에서 관중석에 있던 수천의 관람객들은 카스틸랴 운동선수가 주요 경기에서 승리했을 때 카탈로니아 깃발을 흔들었다. 이 사례는 이중(二重)의 민족적 정체성의 존재를 보여준다.

적인 상황으로 인해 이들의 민족주의가, 더 광범위한 사회적 불만들이 집중되는 초점으로 될 수 있고, 그러면 국가는 그것을 분쇄하고자 하며 이렇게 해서 이전에는 존재하지 않았던 억압적 조건이 창출될 수 있다. 1930년대 중반까지 스페인에서 바스크 민족주의가 우익 세력이었던 점은 기억할만하다. 바스크 민족주의가 좌파와 같은 편에 서서 파시즘에 대한 화해할 수 없는 적대적 입장을 취하게 된 것은 바로 국가의 행동 때문이었다.108)

최근에 와서는 어떤 민족적 특성들에 기반해 억압당하지는 않지만, 과거의 열강들에 의해 설정된 국가경계선을 기준으로 나누어져 서로 다른 지역에 살고 있는 민족의 민족주의가 상당한 정치적 영향력을 지니고 있다. 1989년 동독 국가기구의 스탈린주의에 대항한 운동이 독일 연방공화국과의 통합 운동으로 바뀐 반면, 남한에서는 많은 개량주의 좌파가 민족통일—비록 보수주의 우파의 여러 당들 역시 스스로 '통일'당이라고 자칭하지만—을 중심 슬로건으로 삼고 있다.

그 어떤 경우이든 노동자들이 민족주의로 선회한 것은 지배계급의 사상이 계속 영향을 행사하는 방식 가운데 하나로 간주되어야 하며, 심지어 체제의 위기가 시작되어 인민들이 구질서에 대한 보수적 애착으로부터 분리될 때조차도 민족주의로의 선회는 동일한 의미를 갖는다. 이런 영향력의 범위는, 다른 경우들과 마찬가지로, 두 가지 요소에 의존한다. 하나는 체제에 대항한 집단적 투쟁의 수준이고, 다른 하나는 사회주의 조직들이 작업장과 지역에 기반을

108) G. Brennan, *The Spanish Labyrinth*, pp.268, 279~280.

가지고 정치적·이데올로기적 주장을 할 수 있는 정도이다. 민족주의의 영향력이 가장 큰 곳은, 위기로 인해 노동자들의 투쟁이 일어나기보다는 오히려 패배와 사기저하가 초래된 곳이며 스탈린주의의 붕괴로 대부분의 좌파가 겪은 이데올로기적 위기가 가장 심각한 피해를 입혔던 곳이다.

그 이유는, 민족주의의 부흥이 체제의 위기에 동반된 국제적인 좌파의 위기와 분리될 수 없기 때문이다. 좌파의 크나큰 공백 덕분에 민족주의(또는 세계의 많은 지역의 종교적 근본주의)를 설교하는 자들은 사회주의자들로부터 어떠한 도전도 받지 않고 활개치고 있다.

14

스탈린주의 붕괴 이후의 민족주의

좌파의 진공 상태가 가장 크며, 체제의 위기가 가장 파멸적 결과를 가져온 곳은 사하라 남쪽 아프리카에서 소위 공산주의를 지향했던 국가들이다. 이들 나라에서 지난 수 년간 경쟁적 민족주의가 가장 왕성하게 성장했다는 것은 놀랄 만한 일이 못된다.

구소련의 운명은 경제적 위기—브레즈네프 말기에 시작된 '정체'는 고르바초프 말기에 경제수축과 대중적 빈곤을 낳았다—가 어떻게 정치적 위기를 창출하고, 정치적 위기가 민족 운동의 성장 속에서 어떻게 표현되는가를 보여줬다. 구소련의 사례는, 중간계급 인텔리겐치아들이 어떻게 해서 민족문제를 다른 모든 불만을 모으는 초점—발틱 국가들, 몰다비아, 아르메니아, 아제르바이젠의 인민전선, 우크라이나의 루흐(Rukh), 그루지아의 원탁회의—으로 만들었는지를 보여줬다. 그것은 또한 평범한 다수 대중이 받았던 바로 그 몸서리치는 억압이 이 운동들로 하여금 얼마나 엄청난 대중의 추종(러시아인들 사이의 다양한 민주주의 운동들보다 훨씬 더 거대하고 적극적인 추종)을 얻게 만들었는지를 보여줬다. 그리고 구소련은, 중대한 정치적 위기의 시기에 지배계급 내부의 주요 인물이—최소한 구국가 일부의 지역에서만이라도—자신의 지배를 유지하기 위해 어떻게 민족주의로 입장을 바꿀 수 있는가를 보여줬다. 우크라이나의 크라프체크, 카자흐스탄의 나자르바예프, 그리고 가장 놀라운 것은 러시아의 옐친인데, 그는 민족주의의 북을 치며 지배[러시아—옮긴이]민족이 다른 민족에 의해 착취당해 왔다고 주장한다.

그러나 이런 점을—지금까지 가장 끔찍한 경우이지만—가장 잘 보여주는 경우는 유고슬라비아이다.

유고슬라비아는 2차세계대전기에 독일 점령군의 패배 후, 세르비아인들에 의해 지배(전쟁 전의 왕조에서처럼)받았다는 크로아티아인 및 슬로베니아인의 감정이나, 반대로 크로아티아인에 의해 지배(독일 점령기처럼)받았다는 세르비아인의 감정 때문에 야기될 수 있는 정치적 붕괴를 방지하기 위해 주요한 슬라브 민족구성원들—슬로베니아인, 세르비아인, 크로아티아인—사이에서 견제와 균형을 이루며 조심스럽게 재건되었다. 이러한 목적을 위해 몬테네그로의 세르비아인, 마케도니아인(이전에는 세르비아인에 의해 '남부 세르비아인'으로 간주되었다)과 보스니아의 세르비아-크로아티아-이슬람교도의 혼합 주민들은 세르비아로부터 분리된 그들 자신의 공화국을 인정받았고, 반면에 북부 세르비아에 있는 보보디나의 세르비아어와 헝가리어 사용지역은 자치주가 되었다. 그리하여 모든 슬라브인들이 국가관료로 상승할 수 있는 동등한 기회를 가지게 되었다. 유일하게 억압받던 민족은 자기 자신의 공화국 수립이 거부되어 다른 모든 민족들로부터 제도적 차별을 받게 된 코소보의 알바니아어 사용자들이었다. 그러나 이러한 [유고슬라비아의—옮긴이] 구조가 각 민족에 대한 충성심을 약화시키려는 체계적인 시도에 바탕을 둔 것이 아니라, 하나의 민족을 중립화시키기 위해 다른 민족을 이용하는 것에 의존하고 있다는 점을 이해하는 것이 중요하다. 사실은 분열과 지배가 계속되어 온 것이다.

이 구조는 1960년대 말까지는 그 지배자들을 위해 효과적으로 작동했다. 국가의 응집력은 러시아 진영에서 이탈했던 1948년의 여러 가지 심각한 외적 위기를 겪으면서도 손상 받지 않고 유지되었고, 경제는 향후 20년 동안 급속히 성장했다. 그러나 1960년대 후반에 경제력 활력이 상실되자 또 다른 정치적 위기가 생겨났다. 내무장관의 숙청으로 경찰의 통제력이 약화되자 불만은 베오그라드의 학생시위와 크로아티아의 지배정당 내부의 민족주의 고양으로 표현되었다. 두 운동은 탄압을 받아 파괴되었지만, 뒤이어 정부 차원에서 경쟁적인 슬라브 민족주의가 한층 구조화되었다. 각 공화국의 수반들은 그들이 연방정부 내에서 '민족적' 이익을 위해 투쟁하고 있다는 인상을 줌으로써 어느 정도까지는 불만을 해소할 수 있었다.

그러나 1980년대에 지독한 경제적 위기가 발생했다. 실업과 인플레이션이 증가하고 생활수준이 1930년대 수준까지 떨어졌다. 이제는 불만이 노동자 계급에게서 폭발했다. 1983년에 100건이었던 파업 건수가, 노동자들이 연방의회에 뛰어들어 총파업을 강력하게 요구했던 1987년에는 1,530건으로 증가했다. 그러나 이때 영향력 있는 정치가들이 아래에서 커져가고 있던 분노로부터 자신들을 보호하고 자신들 지위를 향상시키기 위해 조심스레 민족적 증오에 불을 붙이기 시작했다.

이렇게 한 최초의 인물이 세르비아 당 내에서 부상하고 있던 인물인 슬로보단 밀로셰비치였다. 그는 코소보에서 세르비아인이 박해를 받는다고 공언하며 대규모 운동을 조직했고, 세르비아 지도부의 통제권을 장악하기 위해 세르비아의 모든 계급들의 대규모 시위—공장 경영주는 노동자들이 시위에 참석할 시간을 주었고, 그리하여 노동자들은 시위대열 속에서 학생조직, 재향군인회, 과학아카데미의 회원 등과 결합했다—를 조직했다. 그리고 나서 그는 보보디나와 몬테네그로에 자신이 지명한 사람을 보냈다. 그의 이러한 시도는 곧 다른 사람들의 행동을 촉발시켰다. 크로아티아에서는 퇴역 장군인 티토주의자 투지만이 세르비아인을 도살했던 전시(戰時)의 우스타시 정권의 지지자들을 선동하면서 크로아티아 공화국 내의 세르비아인 거주지역의 치안을 크로아티아인이 맡아야 한다고 주장했다. 슬로베니아에서는 구지배정당의 지도자들이 유고슬라비아 전역에서 분리 압력을 행사하기 위해 결집된 자유주의적 반대파 지도부와 행동을 같이 했다.[109]

밀로셰비치와 투지만의 경쟁적 민족주의 운동은 서로를 더욱 강화시켰다. 밀로셰비치는 보보디나와 몬테네그로 정부를 몰락시킴으

109) 1991년 말까지의 사태에 대한 상세한 설명으로는 D. Blackie, 'The Road to Hell', *International Socialism* 53, 1991년 겨울호를 보시오.

로써 유고슬라비아 전역에서 세르비아인이 헤게모니를 장악할 것이라는 두려움을 크로아티아인이 갖도록 만들었다. 그리고 투지만은 크로아티아에 있는 세르비아인의 권리를 공격함으로써 그들을 밀로셰비치의 영향권으로 몰아넣어 훨씬 더 우익적으로 만들었다. 밀로셰비치는 슬로베니아와 그 다음엔 크로아티아에 대한 유고슬라비아 연방군의 공격을 지지함으로써 크로아티아인들이 투지만과 우익인 의회단체에 의존하도록 고무했다. 그들이 끌어낸 가공스러운 논리는, 그들이 보스니아를 분할하고 보스니아의 수도 사라예보에 있는 세르비아인, 크로아티아인, 그리고 이슬람교도의 화합을 파괴하기로 비밀리에 합의한 점에서 볼 수 있다. '분열된 민족의 통합'은 세르비아와 크로아티아의 권위주의적 우익 정당들이 자신들에 대한 지지를 끌어내기 위해 사용하는 슬로건이 되었다.

이 과정에서 밀로셰비치와 투지만이 발견한 것은, 경제가 쇠퇴할 때에는 민족주의적 슬로건이 중간계급의 여러 분파들을 경쟁적인 국가기구들이나 그 기구 내부의 직위들을 차지하기 위한 투쟁으로 끌어들일 수 있고, 노동자 계급으로 하여금 생활수준을 위한 투쟁에서 체제의 방어로 전환시킬 수 있으며, 구지배계급의 개별 성원들에게 갑작스런 명성을 가져다 줄 수 있다는 점이다. 민족주의는 언제나 지배이데올로기의 일부이기 때문에, 첨예한 위기의 순간에는 줄곧 지배계급들의 여러 분파들을 위한 안전밸브 구실을 한다.

그러나 이것이 문제의 끝은 아니다. 왜냐하면 새로운 민족국가를 형성하려는 운동이 사회 전체에 새로운 경제적 가능성을 열어줄 수 없다면, 이 운동은 지배계급을 위한 일시적 안정 이상의 것을 제공할 수 없기 때문이다. 바로 여기에 생산력을 발전시켰던 자본주의의 유년기의 민족 운동과 그러한 진보를 제한하는 오늘날의 민족 운동 사이의 중대한 차이점이 있다. 권력을 획득한 민족주의자들은 여전히 민족경제의 위기에 대처하지 않으면 안 된다. 그리고 그들의 지지자들이 지니고 있는 민족주의적 열망들을 달래야만 하는 압력은 민족주의자들에게 새로운 영토를 장악해 '민족'을 확장하리는 압력으로 작용한다. 민족주의적 광기가 계속되는 한 경제적 문제들은 더 커질 것이다. 민족주의적 광기가 소멸할 때, 경제적 문제들—그것과 더불어 계급투쟁—이 갑자기 그 무대의 중심으로 되돌아올 것이다. 그러면 민족주의적 선동 때문에 비껴나 있던 바로 그 불만들이 민족주의적 선동을 이용해 권력에 올랐던 자들을 괴롭히게 될 것이다.

역사에 종종 있었듯이, 전쟁은 계급투쟁을 가로막기 위해 이용되었지만 전쟁의 결과로 사회에서 계급적대감이 고조되어 마침내 전쟁을 조장했던 자들의 몰락으로 끝나곤 했다. 이 글을 쓰고 있는 이 시간에도 구(舊)유고슬라비아—또는 몰다비아, 아제르바이잔, 아르메니아, 그루지아—의 유혈 상황에서 무엇이 등장하게 될지 아무도 말할 수 없다. 그러나 분명한 것은 민족주의가 사회를 갈기갈기 찢어놓으며, 사회를 발전시킬 어떠한 경제강령도 없는 그런 상황에서는 어떠한 안정적인 정치적 결과도 없다는 것이다. 전반적인 사회 불만이 민족주의적 증오로 바뀌는 것처럼, 특히 폭력이나 인종 간의 투쟁의 결과, 전쟁이 진저리나는 것이 되고 또한 정부를 운영하는 자들에 대한 적대감이 형성됨에 따라 민족적 증오가 갑작스러운 사회적 투쟁으로 바뀔 수 있다.

구유고슬라비아에서와 같은 전쟁은 인민 대다수 가운데 평화에 대한 광범위한 열망과 반정부적 시위를 필연적으로 발생시킨다. 만일 이러한 정서가 전쟁의 대가와 경제위기의 파멸적 영향에 반대한 노동자들의 투쟁과 결합된다면 민족주의의 물결은 격퇴될 수 있을 것이다. 그러나 계급정치는 자동적으로 생겨나는 것이 아니다. 그것은 주장되어야 한다. 바로 그렇기 때문에 좌파 가운데서 유일하게 스탈린주의의 위기를 견디고 살아남은 소규모 그룹들에게 막중한 책임이 주어지는 것이다.

15

사회주의자들과 민족주의

만일 민족과 계급의 관계를 명확히 하지 않는다면, 좌파는 자신의 책임을 완수하지 못할 것이다. 그 출발점은 민족주의가 자본주의 사회를 조직한다는 점을 명확히 이해하는 것이다. 이 점에서 카우츠키와 레닌이 오토 바우어에 비해 절대적으로 옳았다. 국제주의는 여러 민족주의들의 산술적 합산에 의해 성취될 수 있는 것이 아니라 그것에 대해 의식적으로 반대함으로써 이룩될 수 있다. 세르비아, 크로아티아, 영국, 아일랜드, 러시아 또는 우크라이나 사회주의자가 존재하는 것이 아니라 이들 나라 가운데 어느 한 나라에 우연히 살고 있는 사회주의자가 존재할 뿐이다. 사회주의자들은 자신의 민족에 대해 자부심을 가져서는 안 된다. 그들은 자기 민족을 부인하는 것에 자부심을 가져야 한다. 마찬가지로 사회주의자들은 '그들 자신'의 민족문화의 유지를 찬성하지 않으며, 모든 문화에서 가장 훌륭한 점을 새롭고 세계 시민주의적이며 인간적인 문화로 통합하는 것을 지지해야 한다. 이 점은 억압민족의 문화와 일체감을 가지고 자란 사람들에게 중요하다(물론 그들에게만 중요한 것은 아니다). 레닌이 반복해 강조했듯이, 자본주의적 생산과정이 노동자들을 끌어모으는 바로 그때, 문화의 분리를 옹호하면 노동자들의 분리를 옹호하는 결과를 초래한다. 그렇게 되면 억압민족과 피억압민족의 반동들이 이익을 얻게 된다.

그러나 동시에 사회주의자들은 서로 다른 민족의 노동자들을 한데 모으기 위한 유일한 길은 자유로운 연합을 주장하는 것이라는 점을 이해해야 한다. 국제주의는 현존 국가들과의 동일시를 의미하지 않는다. 자기 자신을 특정한 민족에 속한 것으로 간주하는 노동자들은, 만일 자신들이 분리를 원할 경우 자신들의 분리권을 다른 민족의 노동자들이 옹호한다는 것을 모른다면, 같은 국가 내의 다른 노동자들과 자유롭게 연합할 수 없다. 크로아티아 노동자들은, 만일 세르비아 노동자들이 자신들의 권리들—분리권을 포함해—을 옹호하지 않는다면, 세르비아 노동자들과 연합하지 않을 것이다. 세르비아 노동자들 또한 만일 크로아티아 노동자들이 크로아티아 내의 소수 세르비아인에 대한 모든 차별과 억압에 반대하지 않는다면 크로아티아 노동자들과 연합하지 않을 것이다. 오직 서로 다른 민족의 노동자들이 서로의 권리를 옹호해 줌으로써만 그들은 민족이 어느 누구에게도 아무런 중요성을 갖지 않는 상황을 만들 수 있다.

피억압민족과 억압민족 사이에는 차이점이 있다는 사실을 사회주의자들은 이해해야 한다. 우리는 억압민족에 대항해 피억압민족의 부르주아나 쁘띠부르주아 지도자들과 일시적으로 같은 편에 서서 싸울 수 있다. 그러나 우리는 피억압민족에게 적대적인 억압민족과는 절대 같은 편에 설 수 없다. 국제주의는 이것과 저것 사이에서 균형을 맞추는 것을 결코 의미하지는 않는다.

그러나 우리는 바리케이드의 같은 편에 민족주의 운동의 지도자들과 함께 있을 때조차도, 그들의 목표와 우리의 목표는 다르며, 그들의 방법과 우리의 방법이 다르다는 점을 이해해야 한다. 그들은 새로운 자본주의 또는 국가자본주의 국가를 수립하고자 하며, 이것은 그들이 자신의 노동자들을 배반하고 필요할 경우엔 총구를 우리에게 돌릴 수 있다는 점을 의미할 것이다. 우리는 노동자들의 국제적 투쟁을 발전시키고, 피억압민족의 노동자들과, 한때 실수로 억압자들과 자신을 동일시했던 노동자들을 단결시키려고 노력한다.

우리는 분리권—특정의 구체적 상황에서는 분리를 위한 투쟁도—을 지지한다. 왜냐하면 우리는 노동자들의 단결을 지지하기 때문이다. 똑같은 목적을 지지하는 민족주의자들은 민족을 계급 앞에 놓음으로써 이러한 단결을 깨뜨리려고 노력한다.

좌파가 이전의 유고슬라비아나 구소련에서처럼 민족주의적 도전 앞에서 그토록 무기력한 모습을 보였던 이유들 가운데 하나는 그들이 과거에 이러한 사실들을 이해하지 못했기 때문이다. 그들은 작은 '진보적' 민족주의의 깃발로 스스로를 감싸는 것과 소련과 같은 거대한 억압국가와 스스로를 동일시하는 것—또는 현재의 유고 내전에서 주요 서방 제국주의 국가들의 개입을 요구하는 것—사이에서 동요한다. 인민들이 민족주의로 인해 혼란에 빠져 있을 때, 좌파가 국제주의를 위해 어떻게 투쟁해야 할지 모른다면 그것은 실로 비극적인 일이 될 것이다.

■ 부록

마르크스주의와 민족문제*

앨릭스 캘리니코스

1.

우리는 지금 전쟁과 혁명의 시대에 살고 있다. 그런데 이러한 분쟁들에 연루된 당사자들은 계급의 관점이 아니라 민족의 관점에서 자신들의 행동을 정당화 하는 것이 보통이다. 단일한 형태로는 가장 중요한 지배이데올로기라 할 종교를 민족주의가 대체해 온 것이다.

그러나 민족주의에도 여러 유형이 있다. 옛 제국주의 국가들의 민족주의가 있는가 하면, 그 내부에 거주하는 소수민족들의 민족주의도 있다. 예컨대 스코틀랜드 민족주의, 바스크 민족주의 등이 후자의 경우이다. 또한 아일랜드, 남아프리카공화국, 엘살바도르 등지

* Alex Callinicos, 'Marxism and the National Question', 1989.

에서처럼 반제 해방 투쟁을 벌이는 사람들의 민족주의가 있는가 하면, 이란에서 그러하듯 입으로는 반(反)제국주의를 외쳐 대면서도 국내적으로는 지독히 억압적인 지배자들의 민족주의도 있다. 또한, 인도의 시크교도처럼 분리독립을 요구하는 사람들의 자치 운동 성격의 민족주의도 있다.

이렇듯 혼란스러울 만큼 다양한 민족주의에 대해 혁명적 사회주의자들은 어떻게 대응해야 하는가? 과거의 좌익들은 민족주의 문제에 제대로 대처하지 못함으로써 종종 혹독한 어려움을 겪어야 했다. 마르크스주의는 과연 민족문제가 제기하는 여러 문제들에 관한 적절한 지침을 제공하고 있는가?

2.

마르크스주의의 이론적 기초는 어떠한 민족주의 이데올로기가 갖고 있는 이론적 기초와도 근본적으로 다르다. 마르크스주의의 입장에서 보자면 역사의 원동력은 계급투쟁이다. 따라서 현대 사회의 주된 갈등은 국제 노동자 계급과 국제 자본가 계급 사이의 갈등이다. 민족 분규란 계급투쟁에 비하면 부차적인 것으로서, 단지 계급투쟁이 취하는 독특한 형태에 지나지 않는다. ≪공산주의자 선언≫은 이렇게 선포한다—"노동자에겐 조국이 없다"고.

한편, 세계가 계급들로 나뉘어 있는 게 아니라 민족들로 나뉘어 있다고 보는 민족주의에서는 사정이 정반대다. 파시즘부터 오늘날 "제3세계"의 일부 정권들이 내세우는 '좌파' 민족주의에 이르기까지 모든 형태의 민족주의 입장에 선 사람들은 계급투쟁이 민족주의를 크게 위협한다고 여긴다. 계급투쟁이 민족의 통합을 저해할 뿐 아니라 일부 민족구성원의 '이기적' 이익을 위해 신성한 '국익'을 희생시키려 한다고 생각하기 때문이다. 그리고 어떤 계급이 국익을 위협하는 계급으로 규정되는냐에 따라('독점 자본가 계급'이냐, '탐욕스러운 노동자 계급'이냐에 따라), 민족주의는 급진적 형태를 취할 수도 있고 반동적인 형태를 취할 수도 있다. 하지만 어느 경우든 계급보다 민족을 앞세우는 민족주의 이데올로기임에는 변함이 없다.

마르크스주의는 이론적 기초만 민족주의와 다른 게 아니다. 마르크스주의는 그 혁명 전략 자체가 국제적이다. 마르크스와 엥겔스는 자본주의의 역사적 역할이 각국의 국민경제를 구성 요소로 삼는 세계경제 창출에 있다고 생각했다. 따라서 마르크스주의에서는 각국 생산력의 국제화야말로 공산주의 수립을 위한 객관적 전제조건이 된다.

≪독일 이데올로기≫에 나오는 유명한 구절에서, 마르크스와 엥겔스는 사회주의가 한 나라에서 건설될 수 있다는 명제를 다음과 같이 명백히 부정하고 있다.

> (세계적 규모의) 이러한 생산력 발전은 꼭 필요한 실제적 전제이다. 왜냐하면 그러한 발전이 없으면 결핍이 일반화할 수밖에 없으며, 이와 함께 필수품들을 얻기 위한 투쟁이 재연되면서 예전의 그 모든 추악한 일들이 필연적으로 다시 나타날 것이기 때문이다.

따라서 사회주의 혁명은 성공하려면 반드시 **국제적**이어야 한다. 1917년 10월 러시아 노동계급을 권좌에 앉힌 볼셰비키가, 소비에트 국가가 살아남으려면 혁명이 반드시 서유럽으로 확산되어야 한다고 보았던 것도 이 점을 깊이 인식했기 때문이다.

따라서 레닌을 비롯한 볼셰비키는 1919년 코민테른 창설에 앞장섰다. 그리고 1920년 제2차 대회에서 채택된 코민테른 규약은 다음과 같이 선언하고 있다.

> 이 새로운 국제노동자협회의 창립 목적은 자본주의를 타도하고 프롤레타리아 독재와 국제 소비에트 공화국을 수립함으로써 모든 계급을 완전히 폐지하고 공산주의 사회의 첫 단계인 사회주의 사회를 실현한다는 단일한 목표를 추구하는 각국 프롤레타리아 계급의 공동 행동을 조직하는 데 있다.

3.

그렇다면 국제사회주의자들은 여러 민족국가로 나뉘어 있는 이 세계에 어떻게 대처하고 있는가? 심지어 마르크스주의자를 자처하는 사람들마저도 우리가 이론에서나 실천에서나 민족주의 현상에 제대로 대처해 오지 못했으며 이 실책이 역사적으로 마르크스주의의 커다란 약점이라고 주장한다.

마르크스와 엥겔스의 몇몇 저작들에서도 민족문제를 자본주의가 더욱 발전하면 사라져 버릴 현상으로 여기는 경향이 있음을 확인할 수 있다. 마르크스와 엥겔스는 민족국가의 형성이 국내시장의 창출을 위해 꼭 필요하며 그것 없이는 자본주의가 경제를 지배할 수 없다고 봤다. 그러나 그들은 ≪공산주의자 선언≫에서 이렇게 쓰고 있다.

> 각 국민 사이의 민족적 차이와 적대가 부르주아 계급의 발전, 교역의 자유, 세계시장의 발전, 생산양식의 균일화와 그에 따른 생활 조건의 균일화 때문에 나날이 점점 더 사라져 가고 있다.

이러한 생각은 마르크스와 엥겔스의 저작에 나타나는 하나의 경향일 뿐이다. 그런데 제2인터내셔널 기간(1889~1914년)에 정설 마르크스주의의 '교황'으로 추앙받았던 칼 카우츠키는 이 작은 암시들을 부풀려서 하나의 이론으로 일반화했다. 그의 이론인 즉 자본주의가 세계 체제로서 발전할수록 개별 민족국가들이 설 자리는 점차 좁아지게 되리라는 것이었다. 카우츠키는 1914년 제1차세계대전 전야에 자본주의 발전의 다음 단계로서, '초제국주의(ultra-imperialism)'라는 개념을 제시하면서, 초제국주의 단계에서는 선진 공업국들이 국제 트러스트를 결성함으로써 자본주의적 세계국가의 터를 닦고, 여러 민족들이 서로 다툴 필요가 없게 만들 것이라고 주장했다.

그러나, 실제로, 전세계에 걸친 자본주의의 발전은 민족문제를 약화시켜 온 게 아니라 오히려 더욱 첨예화시켜 왔다. 19세기 말의 세계 자본주의는 몇몇 선진 자본주의 국가들에 의한 세계 지배라는 제국주의 단계로 접어들었다. 그리고 이 제국주의는 민족문제라는 견지에서 볼 때 몇 가지 중대한 결과를 초래했다.

첫째, 제국주의는 선진 자본주의 국가들에서 국가자본주의적 경향, 즉 국가와 대자본이 단일한 경제 복합체로 통합되는 경향을 띠었다. 그러한 경향의 결과로서, 서로 경쟁하는 자본들 사이의 갈등이 종종 관련 민족국가들 사이의 대결이라는 양상을 띠게 되었다. 1890년대부터 1940년대까지의 '고전적' 제국주의 시기에는, 서로 자기 나라에 가장 유리하게 영토를 분할하려고 제국주의 열강끼리 벌인 경제적 투쟁이 두 차례의 세계대전으로 이어졌다.

둘째, 선진국의 국가자본주의화 경향에 발맞추어 선진국 노동자 운동 안에서 개량주의적 노조 관료들이 성장하게 된다. 그들은 자기네 이익과 자본주의적 국가의 이익이 긴밀하게 맞물려 있다고 여긴다. 그리고 이러한 상황에 힘입어 국익 이데올로기가 선진국 노동자들을 사로잡게 된다.

셋째, 제국주의 국가의 착취와 억압을 받는 제3세계 '후진국'들의 국제 자본주의 체제 편입은 그들 나라에서 대대적인 민족 운동을 유발한다. 이 제3세계 노동자·농민의 반제 봉기는 거의 예외 없이 민족주의라는 형태를 취하고 있다.

마지막으로, 지난 한 세대 동안 몇몇 지역에서 새로운 자본 축적 중심지들이 등장해 왔다. 브라질·남한 등 제3세계 신흥공업국들(NICs)이 바로 그들이다. 이들 나라의 지배계급은 단지 서방 제국주의의 '매판'이나 '종속국'에 머무르는 게 아니라 자기네 나름의 이해관계를 지니며, 세계 열강에 맞서, 또 같은 처지의 다른 나라에 맞서 자신의 이익을 지킬 능력도 갖추고 있다. 이 경제적 변화가 '아류제국주의(sub-imperialism)' 신흥공업국들을 출현시켰는데, 이들은 특정 지역에서 지배권을 확보하는 데 힘쓰고 있다. 몇몇 나라의 경우 이렇다 할 경쟁국이 없는 상태인데, 인도나 남아프리카공화국이 바로 그러하다. 또, 그리스와 터키 사이의 양국 관계에서 보듯 군사적 경쟁 상태까지 초래하는 경우도 있으며, 이란과 이라크가 그랬듯이 실제로 전쟁에 돌입하는 경우도 종종 있다. 두 차례의 세계대전을 낳았던 제국주의 사이의 대립 양상이 오늘날 세계 여러 지역에서 소규모로 재연되고 있는 것이다.

국가자본주의화 경향, 선진 자본주의 국가들의 노동자 운동에서 민족주의적 개량주의의 득세, '제3세계'의 민족해방 투쟁과 아류제국주의. 이 네 가지 경로를 통해 민족주의는 현대 자본주의 세계를 휩쓸고 있다. 마르크스주의자들은 이 현상에 어떻게 대응해 왔는가?

4.

민족문제에 대한 가장 중요한 논쟁은 제1차세계대전 전에 동유럽과 중부유럽을 지배하던 두 다민족 대제국 러시아와 오스트리아-헝가리가 사회주의자들에게 제기한 문제들을 둘러싸고 시작되었다.

"여러 민족의 감옥소"로서 대러시아인들이 소수 특권층을 이루고 있던 제정 러시아의 경우, 가장 중요한 민족문제는 폴란드 문제였다. 18세기에 폴란드는 주변국들(프러시아·러시아·오스트리아)에 의해 분할되어 있었다. 이 나라의 최대 지역인 폴란드 왕국은 러시아의 지배를 받고 있었는데, 다른 민족의 지배에 항거하는 일련의 영웅적 봉기들로 인해 이 나라는 19세기 유럽의 사회주의자들과 급진주의자들의 눈에 베트남과 같은 존재로 비쳤다. 마르크스와 엥겔스는 폴란드 민족독립에 각별한 지지를 표명했다.

폴란드에서 공업이 발전하고 그에 따라 도시에서 노동계급이 출현하게 되자, 민족 운동의 주도권이 세습 귀족과 부르주아 급진주의자들의 수중에서 사회주의자들의 수중으로 넘어가게 되었다. 하지만 그 과정에서 중요한 정치적 차이점들이 부각되었다.

폴란드사회당(PPS)은 본질적으로 민족주의적인 입장을 채택해,

민족독립 투쟁이 최우선이라고 주장했다. 따라서 폴란드 노동자들의 자기 해방을 위한 투쟁은 민중의 민족적 단결을 해칠 우려가 있는 종파적 행동으로 간주되었다. PPS는 또한 1905년 러시아 혁명기에 폴란드 노동자들이 대규모 파업에 참여하는 데 대해서도 반대 입장을 취하기까지 했다.

이러한 입장은 오늘날 제3세계의 여러 민족주의 운동들에서 주장하는 입장과도 놀랄 만큼 유사한데, 예컨대 앙골라민중해방운동(MPLA)의 경우 파업을 금지하는가 하면 "민족 단결"을 해친다는 이유로 사회주의자들을 투옥하고 있다.

PPS의 애국적 사회주의는 로자 룩셈부르크와 레오 요기헤스가 이끄는 혁명적 사회주의 조직인 폴란드·리투아니아 왕국 사회민주당(SDKPIL)의 도전을 받았다. 룩셈부르크는 PPS의 민족주의가 폴란드와 러시아의 노동자들을 어떻게 위협하고 있는가를 밝히는 데 그치지 않고 한걸음 더 나아가 폴란드의 민족독립 요구는 시대착오요 반동이라고 주장했다.

그녀의 주장은 무엇보다도 자신의 박사 학위 논문 ≪폴란드 공업 발전≫에서 개진된, 폴란드의 사회 구성에 대한 분석을 바탕으로 한 것이었다. 룩셈부르크는 그 논문에서 러시아와 폴란드 양국의 공업 자본주의 발전이 양국을 통합하는 단일한 경제 조직을 창출하고 있고, 따라서 폴란드 부르주아 계급도 폴란드 노동자 계급도 민족독립에 아무런 관심을 보이지 않는다고 주장했다. 전자의 경우는 그들이 러시아 시장에 의존하고 있기 때문에 그러하며, 후자의 경우는 그들과 러시아 노동자들이 공동의 적을 가지고 있기 때문에 그러하다는 것이었다. 따라서, 오로지 PPS의 주된 사회적 기반인 쁘띠부르주아지만이 민족독립이라는 유토피아적 꿈을 계속 품고 있을 뿐이라는 것이 그녀의 주장이었다. 룩셈부르크는 자신의 논문을 다음과 같은 결론으로 끝마쳤다.

> 폴란드와 러시아의 자본주의적 융합은 폴란드 부르주아 계급과 민족주의자들뿐 아니라 러시아 정부까지도 이제껏 피해 온 하나의 최종적 결과를 초래한다. 그것은 바로 장차 러시아 짜리즘의 통치와 폴란드-러시아 자본주의를 땅 속에 묻어버리게 될, 폴란드 프롤레타리아와 러시아 프롤레타리아의 동맹이다.

그 후 룩셈부르크는 폴란드 민족주의에 대한 자신의 비판을 민족독립이라는 슬로건에 대한 일반적 반대 입장으로까지 발전시켰다. <민족문제와 자치>라는 제하의 일련의 논문들에서 룩셈부르크는 자본주의 세계경제의 형성으로 말미암아 민족독립을 위한 물질적 기초가 파괴되어 왔다고 주장했다. 그녀는 이렇게 결론을 내렸다.

> 모든 기존 국가들을 민족 단위로 분할해 그들의 관계를 소규모 민족국가들 간의 관계로 제한하고자 하는 복고적 기도는 가망이 전혀 없는, 역사적으로 반동적인 모험일 뿐이다.

한편, 오스트리아-헝가리 제국에서 활동하던 마르크스주의자들은 룩셈부르크와는 아주 다른 입장을 발전시켰다. 이 붕괴 직전의 다민족 국가는 오늘날의 오스트리아 · 헝가리 · 체코슬로바키아와 유고슬라비아가 포괄하는 지역의 대부분을 영토로 삼고 있었는데, 지배민족들(독일 민족과 마쟈르족)과 여러 피억압 슬라브계 소수민족들 사이의 민족 분규로 분열상을 보이고 있었다. 이러한 갈등이 노동자 운동 자체에 영향을 미쳤던 것이다.

오스트리아 마르크스주의 정당인 오스트리아사회민주당을 지도하던 이론가들은 룩셈부르크와 마찬가지로 노동자 운동의 단결을 유지하는 데 관심을 가지고 있었다. 그러나 그들은 합스부르크 왕국의 분열을 막음으로써 그 목적을 이루려고 했다. 그들은 몇몇 개혁 조치를 통해, 특히 제국 내의 여러 민족집단들에게 자결권까지 허용하지는 않되 정치·문화적 자치권을 부여함으로써 그 일을 달성할 수 있다고 주장했다. 오스트리아 마르크스주의자들은 유사 절대 왕정인 오스트리아-헝가리 제국의 틀을 적당히 손질함으로써 노동자 운동 내부의 민족적 갈등을 무마하려고 노력했던 것이다.

오스트리아 마르크스주의자들의 입장을 떠받치는 이론적 지주를 제공한 사람은 오스트리아 마르크스주의의 지도적 사상가들 가운데 한 사람인 오토 바우어였다. 그는 ≪사회민주주의와 민족문제≫에서 민족주의란 무엇보다도 문화적인 현상이라고 설명했다. "민족이란 공동 운명에 의해 하나의 문자 공동체 속에 한데 묶인 사람들의 총체이다." 바우어는 민족문제 자치를 사회주의의 승리를 통해 어떻게 참된 문화공동체를 창출할 수 있느냐 하는 문제, 즉 자본주의 사회로부터 물려받은 문화를 노동자 계급이 어떻게 인수해야 하느냐는 문제로 받아들였다. 따라서 민족억압에 대한 투쟁이라는 정치적 문제는 무시되었다.

이 입장은 합스부르크 왕정과 민족주의적 경향에 양다리를 걸치는 이중적 기회주의를 보여 준다. 합스부르크 왕가 자체를 제외하고는 제국 안에서 사회민주당원들만이 국제 정치의 유일한 요소였다. 평화적 사회·정치 개혁이라는 명분을 앞세워 원심적 민족주의 경향들에 반대하던 그들은 그러한 입장 탓에 객관적으로 보건대 정부와 상당 부분 이해관계를 공유하는 처지에 놓이기 되었다. 아울러, '문화적·민족적 자치권'에 대한 오스트리아사회민주당의 지지는 "각 민족에 속한 노동자들이 다른 민족에 속한 노동자들에게 자기들과 동등한 권리를 인정하는 한에서 국제주의는 각 민족 소속 노동자들이 민족주의자가 되는 것을 허용한다"는 이데올로기, 그리하여 오스트리아 각지의 노동자들 사이의 민족적 차이를 더욱 조장해 프롤레타리아 계급의 정치적 통일성을 해칠 수밖에 없는 이데올로기와 잘 어울리는 것이었다. 제1차세계대전 발발에 이르기까지 오스트리아사회민주당이 왕정을 지지하던 시기에 오스트리아-헝가리 제국에서는 체코사회민주당과 독일사회민주당 그리고 여러 노조 운동들이 따로따로 활동하고 있었다.

5.

민족문제에 대한 논쟁은 제1차세계대전의 발발로 더욱 첨예화되었다. 전쟁의 충격으로 제2인터내셔널이 와해되면서 민족문제를 놓고 근본적으로 입장을 달리하는 두 진영이 날카롭게 대립하게 되었다.

한편에는 독일사회민주당의 노스케, 에베르트, 샤이데만 같은 노골적인 애국 사회주의자들이 있었는데, 그들은 독일 지배계급의 민족주의를 공공연히 지지했다. 다른 한편에는 제국주의 전쟁에 단호하게 반대함과 동시에 민족독립이라는 슬로건을 역사적 반동으로 여겨 거부한 로자 룩셈부르크를 따르는 급진 좌파들이 있었다. 이 그룹에는 전쟁이 터지기 전부터 바우어의 입장에 반대해 왔을 뿐 아니라 1918년 이후 헤르만 호르터(Hermann Gorter)와 함께 독일 '좌익'[초좌익 — 옮긴이] 공산주의의 지도자가 된 요세프 슈트라써, 안톤 파네쾨크 같은 사람들과 부하린, 피야타코프 같은 볼셰비키가 포함되어 있다(여기서 우리는 룩셈부르크가 민족문제 외의 문제들에 관한 한 '좌익' 공산주의자가 아니었다는 사실을 강조하지 않을 수 없다).

레닌은 앞의 입장들과 근본적으로 다른 입장을 채택했다. 그는 민족자결권에 대한 요구를 지지하되 반제 투쟁의 일부로서만 그것을 지지했다.

레닌이 그런 입장을 취했던 것은 무엇보다도, 제국주의 국가들의 노동자들이 피억압민족들의 분리권을 포함한 자결권을 지지하도록 만드는 것이야말로 그들의 마음 속 깊이 배어 있는 애국 사회주의와 국수주의 사상을 타파하기 위한 필수불가결한 전제 조건이라고 확신했기 때문이다. 레닌은 이렇게 말했다.

> 억압민족의 노동자들에게 국제주의를 교육할 때는, 피억압민족들의 분리 자유를 옹호하고 그것을 위해 투쟁할 것을 강조하지 않으면 안 된다.

이 주장은 본질적으로 제1인터내셔널이 아일랜드의 독립을 지지하도록 하기 위해 마르크스가 제시했던 근거들을 일반화한 것이다. 마르크스는 1870년에 이렇게 썼다.

> 오늘날 영국의 모든 상공업 중심지들에서는 노동계급이 두 개의 서로 적대하는 진영으로 분열되어 있다. 영국 프롤레타리아들과 아일랜드 프롤레타리아들로 나뉘어 있는 것이다. 보통의 영국 노동자는 아일랜드 노동자를 증오한다. 자기 생활 수준을 깎아내리는 경쟁자로 여기기 때문이다. 영국 노동자는 아일랜드 노동자들을 대할 때 자신이 지배민족의 일원인 양 생각함으로써 스스로를 아일랜드를 억압하는 영국 귀족들과 자본가들의 도구로 전락시킨다. 그리하여 자신에 대한 그들의 지배를 더욱 강화시킨다. 그는 아일랜드 노동자에 대해 종교적·사회적·민족적 편견을 품고 있다. 아일랜드 노동자를 대하는 그의 태도는 예전에 노예를 부렸던 미국의 주(州)들에서 "가난뱅이" 백인들이 "깜둥이들"을 대하던 태도와 조금도 다를 바가 없다. 사정이 그러하다 보니 아일랜드 노동자도 영국 노동자에게 이자까지 붙여서 앙갚음한다. 그는 영국 노동자만 봤다 하면 저 녀석도 '영국의 아일랜드 지배의 공모자요 어리석은 도구겠거니' 생각한다.
>
> 이 적대는 언론과 설교와 만화 등에 의해, 요컨대 지배계급들이 쓸 수 있는 모든 수단을 통해 계속 유지되고 증폭된다. 이 적대야말로 영국의 노동계급이 조직을 갖추고 있으면서도 왜 그리 무력한지를 설명해 주는 열쇠다. 그것이야말로 영국의 자본가 계급이 자신의 권력을 유지하는 비결이다. 그리고 영국의 자본가 계급은 이 점을 아주 잘 알고 있다.

따라서 영국의 사회주의자들은 영국 자체의 노동계급을 통일시키기 위한 투쟁의 일부로서 아일랜드의 독립을 지지해야 한다고 마르크스는 말했다. 그로부터 50년 후, 마르크스가 영국의 상황을 보면서 분석한 노동자들의 분열이 제국주의 탓에 전세계적인 현상으로 번지자, 레닌은 마르크스의 주장을 확장해 피억압민족들의 자결권에 대한 일반적 옹호로 발전시켰다.

그러나 민족자결권에 대한 지지는 선진 자본주의 나라들에서 애국 사회주의와 투쟁하기 위한 수단이라는 의미만을 갖는 것은 아니었다. 레닌은 이 입장이 식민지 대중의 반제 투쟁을 고취한다는 그의 전략의 일부라고 보았다.

바로 이 점에서 레닌의 입장은 과거의 입장들과 근본적으로 달랐다. 제2인터내셔널에서 논쟁이 진행되는 동안 민족문제는 본질적으로 유럽의 문제인 것으로 취급되었다. 식민지 문제는 완전히 별개 문제로 다뤄졌는데, 제2인터내셔널 내부에는 선진 자본주의 국가들에서 사회주의가 승리를 거둔 후에도 아프리카·아시아·라틴아메리카의 "야만인들"을 "문명"의 수준으로 끌어올리기 위한 그 선진 자본주의 국가들(이제는 사회주의가 된)의 식민제국 지배가 계속될 것이라고 주장하는 사람들도 있었다.

레닌 이후 모든 것이 일변했다. 러시아 혁명 자체가 독일이나 영국의 노동자들이 그들 나라 자본가들을 타도하기 전에 비교적 후진적인 나라에서 노동계급이 권력을 장악할 수 있음을 입증함으로써 제2인터내셔널의 이론가들이 주조해 낸 점진주의적 계획을 뒤흔들어 놓았다. 레닌에겐 식민지 대중이 더 이상 골칫거리가 아니었다. 오히려 자본주의와 제국주의에 대항하는 투쟁을 위해 전취되어야 할 세력이었다. 민족문제는 반제투쟁과 떼려야 뗄 수 없게 결합되었다. 제3인터내셔널(코민테른) 제2차 대회에서는 '민족문제와 식민지 문제'라는 주제를 놓고 논쟁이 벌어졌다. 트로츠키는 이렇게 말했다. "민족문제와 관계된 볼셰비즘의 특징은 피억압민족들을 대하는 태도에서 잘 드러난다. 볼셰비즘은 가장 후진적인 민족들도 정치의 대상일 뿐 아니라 정치의 주체이기도 하다고 보기 때문이다."

민족투쟁은 계급투쟁의 길에서 벗어나는 것이라고 생각하던 혁명가들에 반대해 (1916년 더블린에서 부활절 봉기가 일어났을 때) 레닌은 이렇게 말했다.

> 식민지와 유럽의 약소 민족들의 반란 없이도, 편견 투성이인 쁘띠부르주아지 일부의 혁명적 봉기 없이도, 정치적으로 각성하지 못한 프롤레타리아 및 반프롤레타리아 대중의 지주와 교회와 왕권과 민족적 압제에 대항하는 운동 없이도 사회 혁명이 가능하다고 생각하는 것, 이 모든 생각은 사회 혁명을 거부하는 것이나 마찬가지다. 그것은 한쪽 군대가 한 곳에 정렬해 "우리는 사회주의 편이다"라고 말하고 다른 쪽 군대가 다른 곳에 정렬해 "우리는 제국주의 편이다"라고 말하는 것을 사회 혁명이라고 생각하는 것이나 다를 바 없다. '순수한' 사회 혁명을 기대하는 사람은 그 누구도 생전에 그것을 결코 보지 못할 것이다.

레닌의 이 말은, 제국주의 시대에는 강력한 사회 반란들이 민족주의적 형태를 띠면서 반자본주의적 방향으로 발전하는 일이 자주 일어나리라는 것을 암시하고 있다.

그러나 앞에서 말한 레닌의 입장에는 민족주의 이데올로기와 타협한다는 생각 따위는 눈꼽만큼도 들어 있지 않았다. 그는 민족자결권에 대한 지지를 국제 노동계급의 단결을 창출하는 수단으로 보았지, 그것을 파괴하는 수단으로 본 것이 결코 아니었기 때문이다.

따라서 레닌은 억압민족에 속하는 혁명가들의 임무와 피억압민족에 속하는 혁명가들의 임무를 조심스럽게 구별했다. 전자의 경우 주된 적은 억압민족의 민족주의이며, 따라서 사회주의자들은 노동자 운동에 배어든 국수주의를 불식시킴과 동시에 국제주의를 실천으로 입증하기 위해 민족자결권 지지 투쟁을 전개해야 한다. 한편, 피억압민족 혁명가들은 제국주의에 대한 단호한 반대와 국제 노동계급의 단결에 대한 분명한 시시를 결합시키지 않으면 안 된다. 아울러, 계급투쟁을 민족투쟁에 종속시키려 드는 부르주아 민족주의자들에 맞서 사상투쟁과 정치투쟁을 벌여야 하며, 간혹 자결권의 행사 자체에 대해서도 반대하지 않으면 안 된다.

이러한 관점에서 볼 때, 폴란드의 민족독립에 관한 룩셈부르크의 입장은 잘못된 것이라기보다는 일면적인 것이었다고 할 수 있다. 그녀가 폴란드의 한 혁명가로서 PPS의 애국 사회주의와 투쟁을 벌인 것은 전적으로 옳았다. 그녀의 잘못된 점은 억압민족의 혁명가들이 폴란드의 독립이라는 슬로건을 반대해야 한다고 주장했다는 데 있다. 자기들 자신의 민족국가 수립을 바라느냐 바라지 않느냐 하는 것은 폴란드 노동계급이 판단할 문제였다. 그리고 러시아와 독일 노동자들의 의무는 폴란드 노동계급의 그러한 결정권을 지지하는 것이었다.

하지만, 그렇다고 해서 레닌이 피억압국 혁명가들은 민족자결 운동을 도외시하고 그것을 지지하는 일은 압제국 혁명가들에게 맡겨야 한다고 생각했던 것은 아니었다. 만일 그렇다면, 제임스 코널리 같은 아일랜드 사회주의자들은 대영 제국주의에 반대하는 투쟁을 자제했어야 했을 것이다. 민족독립의 요구가 억압에 대항하는 대중 투쟁의 초점이 되는 곳에서 그 투쟁에 참가해 투쟁의 지도권을 확실히 장악하는 것은 혁명가들의 임무다. 이것은 그들이 민족주의 이데올로기—비록 그것이 전투적일 경우라도—을 받아들여야 한다는 뜻은 아니다. 오히려 노동계급의 투쟁 방법들에 기초해 민족자결을 성취하기 위한 독자적인 전략을 제시해야 함을 뜻한다.

따라서 레닌은 민족 운동 지지를 위해 피억압민족 노동자 운동의 정치적·조직적 독립성을 손상시켜도 좋다고 생각하지는 않았다. 1920년 코민테른 제2차 대회에서 채택된 '민족문제와 식민지 문제에 대한 테제'는 이렇게 선언하고 있다.

> 후진국에서 사실은 공산주의적이지 않은 혁명적 해방 운동을 마치 공산주의인 양 치장하려는 시도들에 맞서 단호히 투쟁해야 한다. 코민테른의 임무는 식민지와 후진국들에서 벌어지는 혁명 운동을 지지하는 것이다. 그러나 그러한 지지의 목적은 앞으로 명실상부한 공산주의자가 될 미래의 프롤레타리아 정당원들을 모든 후진국들에서 규합해 그들의 특별한 임무, 즉 자기 나라 안의 부르주아 민주주의적 경향과 투쟁한다는 임무를 자각시킨다는 데 있다. 코민테른은 식민지와 후진국들의 혁명 운동과 잠정적으로 협력해야 한다. 아니, 심지어는 동맹 관계까지도 맺어야 한다. 그러나 그것과 융합해 버리면 안 된다. 비록 프롤레타리아 운동이 걸음마 단계에 있을지라도, 코민테른은 그 프롤레타리아 운동의 독립성을 한사코 견지해야 한다.

따라서 레닌의 입장에는 노동계급을 부르주아지와 중간계급이 주도권을 쥐고 있는 민족해방 운동에 종속시키고자 하는 이러저러한 시도들과 공통된 점이 조금도 없었다. 1920년대 중국의 국민당으로부터 오늘날 남아프리카공화국의 아프리카민족회의(ANC)에 이르기까지, 그러한 시도들은 민족 운동 내부에서 좌익 반대파의 제거라는 결과만을 낳았을 뿐이다.

민족문제에 대한 레닌주의적 접근 방식을 더욱 발전시켜 연속혁명 이론으로 완성시킨 사람은 트로츠키였다. 1925~27년의 중국 혁명을 지켜보면서 완숙한 일반 이론의 꼴을 갖추게 된 연속혁명론의 내용은, 후진국 민족독립 투쟁은 노동계급이 투쟁의 지도권을 장악해 그것을 노동자 권력 획득 투쟁으로 전환시키고 성공한 사회주의 혁명을 다른 나라들에까지 확산시키는 데 힘쓸 때만 성공을 거둘 수 있다는 것이었다.

트로츠키의 입장은, 제국주의가 발전된 결과 사회주의를 위한 객관적 전제 조건들이 어떤 한 나라 안에 존재하는 게 아니라 전세계에 걸쳐 존재하게 되었으며 국제 자본주의 체제가 존속하는 한 국제 자본주의 체제에 편입된 국가들의 참된 민족독립은 불가능하다는 그의 상황 인식을 반영하는 것이었다. 룩셈부르크의 결론과는 달리, 트로츠키가 내린 결론은 민족투쟁이 부적절하며 반동적이라는 것이 아니라, 민족투쟁이 성공하려면 그것이 노동자 권력 획득을 위한 국제적 투쟁으로 발전되어야 한다는 것이었다.

민족문제에 대한 레닌의 입장은 두 가지 점에서 중요하다. 첫째, 제국주의의 존재를 출발점으로 삼아 자본주의의 세계 지배라는 현실에 조응하는 혁명 전략을 발전시키고자 노력했다는 점이다.

둘째, 그것은 정치 이론이었다. 바로 이 점에서 레닌의 입장은 민족문제에 관한 입장들과는 크게 다르다. 카우츠키와 룩셈부르크는 모두 민족국가란 자본주의 경제 발전의 특정 단계의 산물이라고 생각했다. 그래서 카우츠키는 민족 분쟁은 자본주의가 더 발전하면 평화적으로 극복될 수 있다는 개량주의적 결론을 내렸다.

카우츠키와는 대조적으로, 룩셈부르크는 ≪자본 축적≫에서 일단 자본주의의 지배가 전세계적으로 확립되고 나면 민족 분쟁은 자본주의에 특유한 풍토병 노릇을 하며 그러한 분쟁이 자본주의의 종국적 붕괴에 기여하게 될 것이라고 주장했다. 그러나 룩셈부르크는 제국주의의 발전으로 말미암아 민족독립을 위한 경제적 기초가 잠식되었기 때문에 민족투쟁이 오히려 계급투쟁의 초점을 흐리는 구실을 하게 됐다는 결론을 내렸다.

한편, 바우어와 오스트리아 마르크스주의자들은 민족주의를, 사회주의의 승리를 기다리면서 기존 국가구조를 재조직함으로써 해결할 수 있는, 무엇보다 문화와 관련된 문제로 여겼다. 그들과는 대조적으로, 레닌은 민족주의란 무엇보다 정치적인 문제라고, 즉 선진국에서는 애국 사회주의에 대한 투쟁 그리고 후진국에서는 억압에 반대하는 투쟁의 문제라고 생각했다. 미셸 뢰비는 이렇게 말했다.

> 방법론적 관점에서 볼 때, 레닌이 대다수 동시대인들보다 훨씬 더 뛰어났던 것은 '정치를 쥐어흔들 줄 아는' 그의 능력, 즉 문제 하나하나, 모순 하나하나에서 그 **정치적** 측면을 파악해 그것을 강조할 줄 아는 그의 능력 덕분이었다.

다른 모든 이론들에서는 민족문제의 경제적 측면이나 이데올로기적(문화적) 측면이 강조된다. 그러나 레닌은 노동계급의 정치권력 획득 투쟁에 그것이 어떤 효과를 미치느냐는 관점에서 민족문제에 접근했다.

이 점을 제대로 이해하면, 흔히 직접·간접으로 스탈린의 ≪마르크스주의와 민족문제≫에서 출발해 경제·지리·언어를 기준으로 삼아 민족을 '정의'하려 하는 마르크스주의자들이 슬프게도 왜 그렇게들 길을 잃어버리는지 알 수 있게 된다. 트로츠키는 민족문제에 대한 레닌의 입장을 미국에서 흑인들이 겪고 있는 인종 억압에 적용하면서, 이렇게 주장했다. "이 문제에서 어떤 추상적인 기준(민족에 대한 '정의')은 결정적인 요인이 아니다. 그보다 훨씬 더 중요한 것은 그들의 역사 의식, 그들의 감정과 욕구이다." 그는 피억압자들에게 민족 의식을 불어넣어 주는 것은 특정 국가로부터 당한 억압의 경험이라는 사실을 강조하면서 이렇게 말했다. "물론 우리는 흑인들에게 하나의 민족을 이루라고 강제하지 않는다. 그들이 민족이기를 원하고 이를 위해 투쟁하고자 한다면 그들은 하나의 민족이다. …… 흑인들에 대한 억압은 그들이 정치적·민족적 단결을 이루도록 몰고 간다."

6.

특히 레닌에 의해 발전된, 민족문제에 대한 마르크스주의적 접근 방식은 20세기 자본주의의 현실, 그리고 특히 그것이 배양하는 민족 분쟁에 대한 하나의 답변을 제시해 준다. 그렇다면 오늘날 우리는 그것을 어떻게 적용해야 하는가?

먼저, 우리는 늘 레닌이 피억압민족들의 자결권을 옹호했다는 사실을 잊지 말아야 한다. 그의 출발점은 제국주의의 직접 지배 또는 나라 안 지배계급의 억압으로 고통에 시달리지 못해 그들 자신의 국가를 요구하게 되는 집단이 처한 상황이었다. 그러나 그러한 피억압집단의 자결권을 지지한다는 것은 모든 민족독립 요구를 지지한다는 것과 결코 같은 것이 아니다. 왜냐하면 그들 자신의 국가를 다른 집단에 대한 지배력 강화 수단으로 이용하고자 하는 세력들에 의해 민족 독립 요구가 종종 제기되기 때문이다.

따라서 민족문제에 대한 레닌의 접근 방식과 ≪세계 자본주의 체제의 구조 변화와 신흥공업국≫의 저자 나이젤 해리스가 제시한 접근 방식 사이에는 분명한 차이가 존재한다. 나이젤 해리스는 기존 국가와 투쟁하려는 의지가 자결권의 기초라고 주장했는데, 이것은 달리 표현하면 펀잡 지방의 시크교도들처럼 민족억압의 역사를 전혀 반영하지 못할 뿐 아니라 오히려 그 지역 인구의 절반을 차지하는 힌두교도들을 공격하는 식으로 투쟁을 벌이는 집단이라 할지라도 어쨌든 자신의 국가 건설을 위해 싸우는 집단이기만 하면 사회주의자들은 그 집단을 지지해야 한다는 주장이나 마찬가지다.

그의 기준을 따른다면, 사회주의자들은 남아공에서는 보어인들의 자결권을, 팔레스타인에서는 유태인들의 자결권을 옹호해야 했을 것이다. 양자 모두 펀잡 지방의 시크 교도들보다 억압의 역사를 더욱 그럴듯하게 주장할 수 있는 집단이다. 보어인들은 대영 제국주의에 의해 정복된 이후 그들의 독립 공화국을 여럿 잃었으며, 유태인들은 반셈복 박해와 대학살을 겪었기 때문이다. 그러나 이 두 경우 모두 민족자결권에 대한 요구는 국가권력을 대다수 피억압민족(전자의 경우는 남아공의 흑인들, 후자의 경우는 팔레스타인의 아랍인들)에 대한 지배 수단으로 이용할 수 있는 권리를 주장하는 것이나 마찬가지였다.

혁명가들의 자결권 지지는 추상적 원칙이 아니라 반제 투쟁의 요구에 따라야 한다. 따라서 그것은 다른 사람들에 대한 억압을 통해서만 자기 목적을 달성할 수 있는, 그럼으로써 제국주의를 강화시키는 민족주의를 지지하는 데까지 확대되어서는 안 된다. 자결권 지지는 민족독립의 요구를 통해 반제 투쟁을 불러일으키는, 그리고 그 승리를 통해 제국주의에 타격을 가하는 운동들에 국한되어야 한다. 그러한 투쟁의 고전적 사례가 바로 베트남인들의 투쟁인데, 미국 제국주의에 대한 그들의 승리가 지금도 '제3세계'에 대한 미국의 군사적 개입을 어렵게 만들고 있는 것이다.

오늘날에 세계에서도 레닌의 입장이 분명히 적용되는 반제 민족해방 투쟁들이 전개되고 있다. 아일랜드의 IRA(아일랜드공화국군) 급진파, 남아공의 ANC(아프리카민족회의), 니카라과의 산디니스타 등이 바로 그 보기들이다. 그들의 투쟁에 대한 우리의 입장은 '무조건적 그러나 비판적 지지'라는 슬로건으로 요약된다. 우리의 지지가 무조건적인 것은 앞서 말한 민족 운동들의 이데올로기를 정치적으로 인정하기 때문에 그런 것이 아니라, 그러한 운동들이 제국주의와 투쟁하고 있다는 사실 때문이다. 트로츠키가 무쏠리니의 침략에 반대해 하일레 셀라시에 정권을 지지했던 것은 이디오피아에 여전히 노예제가 존재하고 있음에도 그 전쟁이 반식민 국가와 이탈리아 제국주의 사이의 전쟁이었기 때문이다. 마찬가지로, 우리가 IRA 급진파를 지지하는 것은 그들의 정치적 입장을 인정하기 때문이 아니라(우리는 부르주아 민족주의의 한 형태인 아일랜드 공화주의에 반대한다) 그들이 대영 제국주의에 대항해 투쟁하고 있기 때문이다.

어떤 민족 운동을 그 강령에 대한 정치적 동의 여부에 따라 지지하는 것에는 기회주의나 초좌익주의로 빠질 소지가 너무나 많다.

서구의 좌파들은 한결같이 '제3세계'의 여러 민족주의를 "공산주의인 양 채색"하려는 경향을 너무 자주 보여 왔다. 그러나 제3세계 민족주의자들은 계속해서 '자기' 나라 노동자·농민들에 대한 착취 도구로서 자본주의적 국가들을 잇달아 수립해 왔을 뿐이다.

한편, 어떤 세력이나 조직이 혁명적 마르크스주의 조직이 아니라는 이유로 종파적으로 지지를 거부하는 태도도 경계해야 한다. 그와는 달리, 우리는 진정으로 반제 투쟁은 어느 것이든 그 정치적 입장을 불문하고 지지를 표명한다. 이러한 태도는 제국주의에 대한 원칙적 반대와 부르주아 민족주의자들의 계급 협력 정치에 대한 단호하고 가차없는 비판을 결합할 수 있게 해 준다. 대상이 IRA 급진파들이든 ANC든 아니면 다른 어떤 운동이든, 우리의 태도는 앞서 말한 대로다.

그러나 훨씬 더 복잡한 경우들도 있다. 예컨대, '역사적인' 유럽 국가들 내부에서 민족주의 운동이 일어나면서 제기된 문제들, 즉 영국 안의 스코틀랜드 민족주의와 웨일즈 민족주의, 프랑스 안의 브르타뉴 민족주의와 오크 민족주의, 스페인 안의 바스크 민족주의와 까딸루냐 민족주의 등의 문제가 있다. 이들 운동의 출현은 가장 오래된 민족국가들조차도 지니고 있는, 민족국가의 인위적 성격을 극명하게 보여 준다. 민족이란 몇몇 '자연적' 동질성의 반영체가 아니라 소수민족들을 강제로 통합하면서 그 지방의 문화와 언어를 지배집단의 이해에 맞춰 억압하는, 흔히 폭력을 수반하는 과정을 통해 형성되는 것이다. 이들 유럽 국가 내부에 균열을 낳은 것이 일반적으로 말해서 국제 자본주의의 불균등 발전이었다면, 방금 예로 든 주요 분리주의 운동들은 중대한 정치적 요인 때문에(스페인의 경우처럼 프랑코 체제의 억압적 성격 때문이든, 영국의 경우처럼 노동당의 위기 때문이든) 촉진된 것이었다. 혁명가들이 이러한 민족 문제들을 다루는 방법은 반제 투쟁 성격을 띤 민족 운동들을 다룰 때보다 훨씬 복잡할 수밖에 없다.

한편, 1980년부터 1988년까지 이란과 이라크가 벌인 제1차 걸프 전쟁에 의해 제기된 문제들도 있다. 이 문제들에 대해서는 세 가지 점이 고려되어야 했다. 첫째는 1978~79년의 이란 혁명과 그 여파였다. 왕정 타도에서 노동계급이 결정적인 세력 역할을 했는데도 이란 좌파가 취약한 탓에 아야톨라 호메이니를 비롯한 율법학자들이 정권을 장악해 혁명의 주요 성과들을 파괴하는 체제를 강요함으로써, 반동적 이슬람 근본주의 이데올로기의 입장에서 노동자들에 대한 착취와 여성 소수민족들에 대한 억압을 정당화하게 되는 결과를 낳고 말았다.

그러나 호메이니 정권은 자기들이 미국 제국주의라는 '대악마'와 대항하는 투쟁을 주도하고 있다고 주장함으로써 정권의 기반을 어느 정도 강화할 수 있었다. 이러한 상황은 국내적으로 중대한 영향을 끼쳤다. 이슬람교도 학생들이 테헤란 주재 미대사관을 점거한 이후 이란 좌파 가운데 상당수가 정권의 편을 들게 되었다.

중동 전역에 걸쳐서 좌파는 현재 파산 상태에 있다. 그리고, 예컨대 팔레스타인의 저항 세력들로 하여금 그 지역의 노동자·농민들을 중시하기보다는 오히려 '점진적 개혁'을 내세우는 아랍 정권들을 중시하도록 부추긴 데서 보게 되듯이, 좌파들이 그런 처지에 놓이게 된 것은 무엇보다도 스탈린주의가 끼친 악영향 때문이었다. 그 결과 이 나라 저 나라에서 혁명적 좌파의 진공 상태를 이슬람 근본주의가 채우면서 특히 도시 빈민들에게 그것이 아주 급진적인 반제 이데올로기로서 호소력을 지니게 되었던 것이다.

이란의 이슬람 근본주의가 걸프 만 국가들의 정치적 불안정을 불러일으킬지도 모른다는 두려움이 1980년 8월의 이란-이라크 전쟁(둘째 고려 사항)을 부채질한 요인이었다. 자기들 역시 이란 혁명에 의해 제거될지도 모른다고 겁을 먹게 된 사우디아라비아를 비롯한 여러 석유 전제 왕국들은 사담 후세인이 이끄는 바트 당에게 이란을 공격하도록 부추겼다. 그리고 미국 역시 비슷한 이유에서 이라크의 이란 공격에 호의적 태도를 취하게 되었다.

사정은 그랬지만, 이 전쟁은 급속히 지역 패권 다툼 성격을 띤 전쟁으로 발전되어 갔다. 이라크는 이란의 팔레비가 1960년대에 영국으로부터 물려받은 걸프 만 지역의 헌병 노릇을 건네 받으려 했던 반면, 호메이니는 후세인 정권을 격파함으로써 걸프 만 지역을 자기 영향력 아래 두려고 했다. 이 유혈 소모전은 100만 명의 사상자를 기록하면서 제1차세계대전을 방불케 하였는데, 양차 세계대전이 지구 전역에 대한 패권을 둘러싼 전쟁이었다면 이란-이라크 전쟁은 지역 패권을 놓고 벌인 두 아류제국주의 국가 사이의 전쟁이었다. 이러한 상황에서는 혁명가들의 입장은 레닌이 말한 (혁명적) 패전주의, 즉 각 교전국 노동자·농민들은 '자기 나라' 정부의 패전으로부터 이득을 볼 수밖에 없다는 입장이 당연히 올바른 것이었다.

이러한 상황은 셋째 고려 사항, 즉 1987년부터 1988년까지 이뤄진 걸프 지역내 미국 군사력 증강과 그것이 원인이 된 이란과의 군사적 충돌에 의해 변화하게 되었다. 이란 혁명은 지난 20년 동안 미국 제국주의가 맛본 가장 심각한 패배들 가운데 하나였다. 미국과 이란의 군사적 대결 상황은 제1차 걸프 전쟁의 성격을 변화시켰다. 이제 이라크의 이란 공격은 워싱턴에서 지휘하는 좀더 광범한 대(對)이란 제국주의 공세의 일부가 되었다. 미국의 일부 행정부 관리들은 이란과의 전쟁은 그 동안 미국의 대외 군사개입을 위축시켜 왔던 '베트남 증후군'을 일소할 계기가 될 것이라며 환영의 자세를 분명히 했다.

이러한 상황에서 혁명가들은 이란의 패배를 환영한다는 것은 미국 제국주의의 편을 드는 행위였을 것이다. 혁명적 사회주의자들은 미국과 이라크를 비롯한 미국의 동맹국들에 대항해 호메이니 정권을 지지하지 않으면 안 되었다. 걸프 지역에서의 이란의 궁극적 패배는 서방 제국주의의 대대적인 승리가 될 판이었다. 그렇다면, 이란 지지는 혁명가들이 율법학자들과 그들의 반동적 이데올로기에 대한 반대 입장을 포기해야 한다는 것을 뜻하는가? 결코 그렇지 않다. 스페인 내전 동안 트로츠키는 스페인에 있는 자신의 추종자들이 공화파 정부에 정치적 지지가 아닌 군사적 지지를 제공해야 한다고 주장했다. 즉, 정부군과 어깨를 나란히 하고 싸우되 프랑코의 패배는 혁명적 수단들(공장 및 농장 점거, 모로코의 독립 승인 등)에 의해서만 가능하다는 것을 계속 주장하지 않으면 안 된다고 주장했던 것이다.

그렇다면, 이란의 혁명가들도 이 전쟁을 대중이 만족할 만한 결말로 이끌기 위해서는 혁명적 수단들—노동자들의 공장 관리, 지배계급의 자산 몰수, 소수민족들의 자결권 인정—의 이용을 주장했어야 했다. 그들이 호메이니 정권에 대한 노동계급의 불만과 전쟁 수행 방법(참호전, 인해전술, 도시 폭격 등)에 대한 노동계급의 불만을 증폭시키고자 노력했어야 했다. 그러면서도 그들은 불만을 제국주의에 이로울 수밖에 없는 전쟁 종식 요구로 이끌 것이 아니라 혁명 전쟁의 개시 요구로, 즉 호메이니 정권에 혁명적으로 도전할 때만 제기될 수 있는 요구로 이끌었어야 했다.

예컨대 그들은 호메이니 정권이 이란 내의 쿠르드족과 아랍 소수민족들을 탄압하고 이란 부르주아지의 사치스러운 방종을 방치하고 있기 때문에, 또 정권 자체가 부패했기 때문에 반제 투쟁이 효과적으로 이뤄지고 있지 못하다는 사실을 대중에게 설명해야 했다. 또한 그들은 현재 노동계급이 끔찍한 손실을 감내해야 하는 것은 정권의 전쟁 수행 방식이 잘못된 탓이라는 사실을 대중에게 설명했어야 했다. 그들은 또 정권에 대한 신임을 고취하려는 일체의 기도(예컨대 전쟁 목적을 위해 무임금 노동을 바치라는 호소)에 대해 분명한 반대 입장을 취했어야 했다.

한편, 혁명가들은 즉각적인 전선 붕괴와 제국주의의 승리를 낳을지도 모르는 행동들(예컨대 전선으로 가는 군수품 운송을 중단시키는 파업 등)은 지지하지 않았을 것이다.

제1차 걸프 전쟁은 특정 상황을 놓고 민족문제에 대한 마르크스주의적 입장을 적용하고자 할 때 혁명가들이 그 구체적 상황에 대해 얼마나 조심스럽게 분석해야 하는지를 아주 잘 보여주는 실례이다. 민족주의에 대한 추상적인 반대만으로는 아무것도 할 수 없다. 레닌이 말했듯이, "'순수한 혁명'을 기대하는 사람들은 그 누구도 생전에 그것을 결코 보지 못할 것이다." 사람들이 자본주의와 투쟁하게 되는 것은 여러 경로를 통해서이다. 그리고 민족주의 역시 그 경로들 가운데 하나임이 분명하다. 물론 민족주의에 사로잡혀서는 안 된다. 하지만 세계 노동자들의 가슴 속 깊이 자리잡고 있는 민족 감정을 타파하기 위해서는 피억압민족들의 자결권에 대한 지지가 필수불가결한 요소인 것이다.

1987년 타밀족의 독립 운동을 분쇄하기 위해 그 지역의 아류제국주의 국가인 인도가 개입함으로써 스리랑카가 맞이했던 비극적 사태는 이 사실을 극명하게 보여주는 사례이다. 1971년 봉기를 일으킨 바 있던—이 봉기는 반다라나이케 정부에 의해 무자비하게 분쇄당했다—청년 그룹인 JVP는 체 게바라의 영향을 크게 받았고 제3세계의 대다수 좌파의 전형이라 할 반제 민족주의 조직이었는데 이 조직은 몇 년 안에 실론 국수주의 조직으로 변질되었다. JVP는 스리랑카 정부가 타밀 호랑이(타밀 소수민족의 대표들)와 평화조약을 맺으려 한 것에 항의해 스리랑카 정부에 테러 공세를 가했다.

억압받는 소수민족이었던 타밀족은 그들이 독립해 살 수 있는 '순수' 타밀 지역을 확보하기 위해 투쟁했다. 억압민족에 속한 실론 좌파(JVP)가 타밀족의 자결권을 옹호하지 않았다는 점을 고려하면 타밀 민족주의자들인 타밀 호랑이가 실론 주민들을 학살한 것 같은 야만적 방법을 사용한 것은 그다지 놀라운 일이 아니다. 인도는 이를 빌미로 군사 개입을 해 타밀족을 잔혹하게 학살했다. 이 책임은 유력한 실론 민족주의와 투쟁하지 않은 JVP와 나머지 스리랑카 좌파들이 져야 한다. 우리는 이런 비극적 잘못으로부터도 많은 것을 배워야 할 것이다.

☞ 찾아보기

ㅅ